TABLE DES MATIÈRES

La méthode scientifique 6
L'Univers 8
Le système solaire 12
Regarder le ciel 16
Aller dans l'espace 20
Calculer le temps 24
La chimie 28
Les matériaux 32
L'électricité 36
L'eau 42
La chaleur 46
La lumière 48
Le son 54
Force et équilibre 58
Énergies transformées 60
Les mathématiques 64
La Terre 66
Mers et océans 72
Les volcans 76
Tremblements de terre 78
La météorologie 80
Préserver la planète 84
Les origines de la vie 86
Les plantes 90
Les animaux 94
Cellules et chromosomes 102
Les microbes 104
Le corps humain 106
Les cinq sens 112
Boire et se nourrir 116
L'hygiène 120
La médecine 122

MDS : 660011N1
ISBN : 978.2.215.09744.0

Dépôt légal à la date de parution.
Conforme à la loi n° 49-956 du 16 juillet 1949
sur les publications destinées à la jeunesse.
Imprimé en Italie (04/10)

POURQUOI COMMENT

LES SCIENCES

Conception :
É. Beaumont
Textes :
C. Sagnier
Images :
P. Bon - É. Butterlin - J. Dayan
- V. Jagerschmidt - Y. Lequesne
- MIA - I. Rognoni

FLEURUS

GROUPE FLEURUS, 15-17 rue Moussorgski 75018 PARIS
www.editionsfleurus.com

La méthode scientifique

Le scientifique est comme un détective à la recherche de la vérité. À partir de ce qu'il a observé, il utilise toutes ses connaissances, son intuition, sa culture et même ses croyances religieuses pour élaborer une hypothèse, c'est-à-dire faire une supposition. Dès lors qu'il a imaginé cette hypothèse, il procède à une expérience de manière à savoir si, oui ou non, l'hypothèse est juste. Si l'expérience confirme l'hypothèse, il en déduit une théorie. On appelle ça la méthode hypothético-déductive.

Comment est née la science ?

Les hommes n'ont pas attendu l'apparition du mot « scientifique », au XIVe siècle, pour aborder la science. Dans l'Antiquité, les philosophes grecs s'interrogeaient sur les phénomènes physiques qui les entouraient. Déjà, ils s'intéressaient au fonctionnement des êtres vivants, aux mathématiques, à l'astronomie, à la médecine, à la géographie sans chercher à invoquer les dieux chaque fois qu'une interprétation ne les satisfaisait pas.

Comment les scientifiques se parlent-ils ?

Pour se comprendre, les scientifiques du monde entier ont besoin d'un langage commun. Ils utilisent des symboles comme les lettres de l'alphabet grec dans le langage mathématique, ou un vocabulaire spécialisé. Les botanistes, par exemple, emploient deux noms latins pour désigner une plante : le géranium lierre qui pend au balcon est un Pelargonium peltatum.

En chimie, le savant français Lavoisier et trois autres chimistes du XVIIIe siècle ont inventé un vocabulaire spécifique, chaque nom donné devant caractériser le plus clairement la substance ou le corps auquel il se rapportait. Par exemple, on a dit « hydrogène » parce que, combiné avec de l'oxygène, ce gaz donne de l'eau, qui se dit « hydro » en grec.

© Bettmann/CORBIS

Albert Einstein (1879-1955) fut un grand savant qui a profondément marqué la physique moderne.

Comment fait-on avancer la science ?

C'est en reconnaissant les erreurs et en les rectifiant que l'on fait avancer la science. Au cours de sa recherche, le scientifique doit toujours rester modeste et remettre en question la théorie qu'il a élaborée ou les conclusions de ses prédécesseurs.

Comment l'imagination aide-t-elle la science ?

Sans imagination, le scientifique ne voit pas plus loin que le bout de son nez, et Newton n'aurait rien déduit de la chute de la pomme. Or, ce dernier, en voyant tomber le fruit, s'est demandé pourquoi la Lune ne tombait pas elle aussi ! Il en a déduit qu'une même force attire le fruit et l'astre vers la Terre, mais que la Lune ne tombe pas, car une autre force aussi puissante l'attire vers l'Univers.

INCROYABLE !

- Neptune a été découverte par calculs ! Comme Uranus ne suivait pas une trajectoire prévisible, les astronomes en ont déduit qu'une planète l'attirait et contrariait son orbite.

L'Univers

Depuis des temps très anciens, les hommes cherchent à comprendre le monde dans lequel ils vivent. Les Grecs séparaient l'Univers en deux parties : l'une au-dessous de la Lune et l'autre au-dessus. Ils pensaient que là-haut rien ne changeait jamais.

Aujourd'hui, on sait que l'Univers n'en finit pas de grandir et qu'il contient des millions de galaxies. La nôtre, que l'on appelle la Voie lactée, comprend déjà cent milliards d'étoiles. On sait désormais que rien n'est fixe dans l'Univers, que les galaxies s'éloignent toujours les unes des autres, et que les étoiles naissent, grandissent et meurent.

Comment est né l'Univers ?

D'après ce que l'on croit actuellement, l'Univers a été créé il y a entre 10 et 20 milliards d'années. Les éléments qu'il contient aujourd'hui, c'est-à-dire la Terre, les planètes, le Soleil, les galaxies... étaient alors concentrés dans un noyau compact. Soudain a eu lieu une énorme explosion : c'est ce qu'on appelle le big bang. Le concentré de matière s'est mis alors en mouvement et l'Univers a commencé à grandir. On peut l'imaginer comme un œuf plein de chaleur et d'énergie. Plus l'œuf grandissait, plus l'énergie se multipliait et la chaleur augmentait. En se cognant et en se choquant, les grains de matière formaient des nuages de gaz et de poussières, qui se regroupaient en tourbillonnant et formaient les galaxies.

Pourquoi dit-on le big bang ?

Tout a commencé par un grand boum ! C'est ce qu'a affirmé un savant belge dans les années 1930. Certains confrères ont voulu ridiculiser sa théorie en l'appelant le big bang ou grand boum !

Pourquoi fait-il tout noir dans l'espace ?

Parce que là-haut il n'y a rien pour disperser les rayons lumineux. La lumière est invisible. Si, au-dessus de la Terre, nous avons un ciel si bleu, c'est grâce à l'atmosphère, épais voile

de gaz qui absorbe en partie les rayons lumineux. Les bleus parviennent mieux à traverser cet écran gazeux.

pourquoi certaines étoiles brillent-elles plus ?

Tout dépend de leur taille et de leur position par rapport à la Terre. Généralement, plus elles sont éloignées, moins elles sont brillantes.

L'Univers est sans cesse en expansion.

pourquoi les étoiles meurent-elles ?

Les étoiles ressemblent à de gigantesques fourneaux. Elles passent une grande partie de leur vie à brûler le gaz hydrogène qui se trouve dans leur cœur. Lorsque tout le stock est épuisé, elles brûlent l'hydrogène de leur enveloppe. Quand elles sont à court de carburant, elles s'éteignent et meurent.

pourquoi un trou noir aspire-t-il tout ?

Le trou noir est le vestige d'une étoile géante qui n'en finit pas de s'effondrer sur elle-même, jusqu'à former un trou noir au pouvoir d'attraction si puissant que même la lumière n'arrive pas à résister à son aspiration.

INCROYABLE !

- Quand on regarde une étoile scintiller, on la voit telle qu'elle était il y a des milliers d'années, à cause du temps que la lumière met à nous parvenir. Ainsi, en regardant les étoiles, on regarde dans le passé !

Pourquoi les galaxies ont-elles des formes si différentes ?

Les galaxies sont des rassemblements d'étoiles. Leur forme dépend du mouvement animant les étoiles qui les composent. Ainsi, certaines galaxies ressemblent à une spirale, d'autres ressemblent à un ballon de rugby ou à un ballon de foot ; d'autres encore ont des formes tout à fait irrégulières... Dans le cas d'une galaxie ronde, les étoiles tournent autour du noyau comme les guêpes formant un essaim : plus on s'éloigne du centre, moins il y a d'étoiles.

Comment s'appelle notre galaxie ?

On l'appelle la Voie lactée à cause de la large traîne, blanchâtre comme le lait, qu'elle dessine dans le ciel. Notre galaxie ressemble à une spirale et c'est l'amas d'étoiles d'un de ses bras qui donne cette traînée. Selon la légende, la Voie lactée a pour origine une goutte de lait échappée du sein de la déesse Junon lorsqu'elle allaitait Hercule.

Pourquoi les galaxies s'éloignent-elles les unes des autres ?

Parce que l'Univers n'en finit pas de grandir. On peut l'imaginer comme un ballon que l'on gonflerait sans cesse. Plus on gonfle le ballon, plus les parois se dilatent et plus l'espace à l'intérieur grandit. L'espace grandissant toujours, les corps célestes continuent de s'éloigner les uns des autres... et cela jusqu'à l'infini...

Comment savoir si nous sommes seuls ?

Pour le savoir, il faut rechercher de nouvelles planètes, situées en dehors de notre système solaire. C'est ce que font les astronomes, mais ce n'est pas facile, car les planètes n'émettent pas de lumière et sont donc très difficiles à repérer de loin. Il est d'autant plus malaisé de les détecter qu'elles risquent d'être cachées par la lumière de leur étoile, comme le serait la Terre par le Soleil si l'on cherchait à la voir de très loin.

La chance des astronomes, c'est que les planètes sont trahies par l'attraction qu'elles exercent sur leur étoile : le mouvement de cette dernière se trouve perturbé. Les chasseurs de planètes continuent leur travail. Ce qu'ils veulent, c'est en trouver une qui soit de la taille de la Terre et qui tourne autour d'une étoile ressemblant au Soleil. Alors, ils chercheront à connaître sa structure et sa composition

Les galaxies sont des amas d'étoiles. Elles ont différentes formes : spirale, ballon de rugby...

pour savoir s'il est possible qu'il y ait une vie dessus.

Comment va finir l'Univers ?

Les spécialistes émettent plusieurs hypothèses. Soit l'expansion se fait de plus en plus lentement et cesse dans un temps infini. Soit elle se poursuit à la même vitesse, l'Univers devient de plus en plus vide, les galaxies, qui ne cessent pas de s'éloigner les unes des autres, n'ont plus assez de poussières et de gaz pour fabriquer des étoiles et finissent par ressembler à des galaxies fantômes. La troisième solution, c'est le big crunch, c'est-à-dire un retour à la case départ : l'Univers cesse un jour de se dilater et s'effondre sur lui-même comme un soufflé. Mais surtout, pas d'inquiétude ! Quel que soit le scénario, cela n'aura lieu que dans des milliards d'années.

INCROYABLE !

- Dans l'Univers, les distances sont astronomiques. La Lune est à environ 384 000 km de la Terre. Le Soleil se trouve à 149 600 000 km de nous.

Le système solaire

- *Longtemps, les hommes ont cru que la Terre était immobile, au centre de l'Univers. Au XVIe siècle, Nicolas Copernic affirme que c'est le Soleil qui a la place centrale.*
- *C'est grâce à des télescopes toujours plus gros et plus puissants que les astronomes ont compris quelle était la véritable place de notre planète.*
- *Aujourd'hui, on sait que la Terre et les sept autres planètes tournent autour du Soleil : c'est ce qu'on appelle le système solaire. Mercure, Vénus, la Terre et Mars sont constituées de matière dense. Jupiter, Saturne, Uranus et Neptune sont des planètes géantes faites de gaz. Au-delà se trouve la ceinture de Kuiper, une région peuplée de milliers de corps glacés, dont le plus connu est Pluton.*

Pourquoi pense-t-on qu'il y a eu de l'eau sur Mars ?

Parce que les sondes qui ont été envoyées sur Mars ont transmis des images de plateaux et de vallées qui ressemblent à ceux qui existent sur Terre. On pense que ce sont des cours d'eau qui les ont modelés. Certains spécialistes supposent que l'eau existe encore sous forme de glace dans le sol martien. Si c'est le cas, cela rendra les choses plus faciles si l'on veut aller vivre un jour sur la planète rouge !

Pourquoi appelle-t-on Vénus l'étoile du Berger ?

Parce que Vénus brille comme une étoile ! En effet, la couverture de nuages qui l'enveloppe produit le même effet qu'un manteau de neige : il réfléchit la lumière. Les bergers croyaient que Vénus était une étoile. Ils savaient en la voyant qu'il était temps de rentrer leur troupeau, d'où le nom d'étoile du Berger.

Comment sont les anneaux de Saturne ?

Ils sont constitués de milliers de débris de glace et peut-être de roches. De là à savoir comment ils se sont formés : mystère et boule de gomme ! Une hypothèse avance que ce seraient les satellites désintégrés de Saturne qui auraient formé les anneaux avec leurs débris !

Autour du Soleil, qui est au centre du système solaire, tournent huit planètes, dont la Terre.

Pourquoi Neptune est-elle si bleue ?

Parce que son atmosphère est composée de méthane, un gaz qui absorbe la lumière rouge, et aussi parce que les particules de glace présentes dans ses plus hauts nuages ont elles-mêmes une coloration bleue.

Avec tant de bleu, la planète mérite bien de porter le nom du dieu romain de la Mer.

Pourquoi Neptune et Pluton jouent-elles à saute-mouton ?

On dit que Pluton appartient à la ceinture de Kuiper, mais on oublie qu'il lui arrive d'en sortir et de se retrouver devant Neptune. Si ces deux-là jouent à saute-mouton, c'est à cause de l'orbite de Pluton : sa trajectoire étant très allongée, il arrive à la petite planète de pénétrer la trajectoire de sa voisine et de se retrouver non plus dernière, mais avant-dernière. Et cela pendant vingt ans avant de reprendre sa place.

INCROYABLE !

- Sur Vénus, le jour est plus long que l'année. Cette planète a en effet besoin de 243 jours terrestres pour tourner sur elle-même, tandis qu'elle met seulement 225 jours pour faire le tour du Soleil !

Pourquoi ne voit-on jamais la face cachée de la Lune ?

Parce que la Lune met autant de temps à tourner sur elle-même qu'à faire le tour de la Terre, c'est-à-dire vingt-sept jours un tiers, jamais moins, jamais plus plus vite. Si elle faisait un tour sur son axe un peu plus lentement, ou un peu plus vite, elle nous dévoilerait peu à peu sa face cachée.

Pourquoi la Lune change-t-elle de forme ?

En réalité, elle ne change pas de forme mais plutôt d'aspect en fonction de sa position par rapport à la Terre et par rapport au Soleil. Quand elle se trouve le plus éloignée du Soleil, la partie qu'elle nous présente est entièrement illuminée puisqu'elle fait face au Soleil et reçoit toute sa lumière : c'est la pleine Lune. À l'inverse, lorsqu'elle se

rapproche du Soleil, elle nous présente sa face plongée dans l'ombre. Quant aux croissants et quartiers, ils croissent et décroissent au fur et à mesure que la Lune change de place.

Pourquoi les astéroïdes ne se regroupent-ils pas ?

Le système solaire est né il y a environ 4,5 milliards d'années à partir d'un nuage de poussières et de gaz. Des particules de plus en plus grosses se sont rassemblées pour former les planètes. Mais certains fragments, comme les comètes et les astéroïdes, sont restés inutilisés. Depuis, ils errent dans l'espace. La plupart des astéroïdes sont présents entre Mars et Jupiter, mais ils n'arrivent jamais à se rassembler, car ils sont sans cesse tiraillés entre le Soleil et les planètes, chacun des astres essayant de les attirer à eux.

Pourquoi veut-on faire la chasse aux astéroïdes ?

Pour qu'ils ne tombent pas sur notre planète. Il s'agirait de les dévier en utilisant l'attraction d'une autre planète. Mais les astéroïdes ne constituent pas vraiment de gros risques pour nous puisque la plupart sont minuscules. La véritable raison à cette chasse, c'est que les astéroïdes sont de vrais trésors, car leur surface semble riche en métaux et en silice. On voudrait donc les capturer pour exploiter cette matière première, comme on pourrait extraire du fer du sol de Mars et de l'oxygène des roches lunaires.

Pourquoi les comètes ont-elles une queue ?

Les comètes ressemblent à de gigantesques boules de neige constituées de roches et de glace. Quand elles s'approchent du Soleil, la glace s'évapore et s'étire

Quand une comète s'approche du Soleil, il se forme derrière elle une traîne appelée la queue.

sous l'effet du vent solaire sur des millions de kilomètres pour former une longue traîne de gaz et de poussières.

Comment sait-on qu'une comète va revenir à une époque précise ?

C'est parce que les comètes, comme les planètes, tournent autour du Soleil. Ainsi réapparaissent-elles chaque fois qu'elles en ont achevé le tour. Il existe plusieurs groupes de comètes, selon qu'elles tournent plus ou moins vite. Certaines mettent environ vingt ans pour effectuer une révolution complète. D'autres apparaissent tous les 14 000 ans.

Pourquoi les étoiles filantes ne brillent-elles pas plus longtemps ?

Les étoiles filantes font penser aux fées. Elles apparaissent dans une traînée scintillante et disparaissent aussitôt. Si elles ne brillent pas plus longtemps, c'est parce que ce ne sont pas des étoiles mais des corps solides qui plongent à toute vitesse vers la Terre. Soit ils ricochent sur l'atmosphère, soit ils y entrent et s'y consument sous l'effet du frottement.

INCROYABLE !

- Avis aux chasseurs de météorites : le plus grand cratère d'impact du système solaire se trouve sur la Lune. Il fait 2 250 km de diamètre et 12 km de profondeur !

Regarder le ciel

Depuis toujours, le ciel est un spectacle pour l'homme. Dès l'époque préhistorique, on a construit des observatoires pour suivre les mouvements du Soleil, de la Lune et des étoiles. Les phénomènes célestes sèment souvent la terreur. Pour les anciens Chinois, les éclipses étaient des avertissements du ciel.

Jusqu'au XVIIe siècle, les observations se font à l'œil nu. L'Italien Galilée est l'un des premiers à utiliser une lunette astronomique qui permet de voir des objets lointains. Depuis, les instruments d'observation se sont de plus en plus perfectionnés.

Pourquoi les hommes ont-ils inventé les constellations ?

Les hommes ont eu très tôt l'idée de relier certaines étoiles entre elles et de donner des noms aux formes obtenues. C'était pratique pour les marins, qui s'en servaient comme repères pour calculer leur position sur la mer.

Pourquoi la Grande Ourse a-t-elle la forme d'une casserole ?

Parce que les Anciens qui ont inventé les constellations avaient plus d'imagination que nous. Quand ils ont relié les étoiles entre elles, ils ont vu une ourse, alors que nous ne voyons qu'une casserole. Comme les étoiles bougent sans cesse, les formes des constellations évoluent toujours. Qui sait ce qu'y verront les hommes du futur ?

Comment les marins arrivaient-ils autrefois à s'orienter en mer ?

Les constellations ne suffisaient pas. Pour mieux s'orienter, les marins chinois se servaient d'une boussole, dont l'aiguille aimantée indique le Nord. Les Arabes, eux, ont inventé l'astrolabe.

Construit pour un endroit donné, cet instrument est une représentation plane du ciel et des principales étoiles. Il permet de visualiser la rotation apparente de la voûte céleste autour de la Terre et d'établir ainsi la position relative des astres à un moment donné par rapport à un point précis. Il permet aussi de mesurer la hauteur du Soleil par rapport à l'horizon et ainsi de calculer l'heure.

Noms de quelques constellations : 1- la Petite Ourse 2- Cassiopée 3- le Dragon 4- le Cygne.

Pourquoi l'étoile Polaire reste-t-elle toujours à la même place ?

Parce qu'elle est située dans l'axe de rotation de la Terre, au-dessus du pôle Nord. Les étoiles semblent tourner autour de la Terre. Or c'est notre planète qui tourne sur elle-même. De ce fait, nous ne voyons pas toujours les mêmes constellations en fonction des heures. Quant à l'étoile Polaire, comme elle est dans l'axe de rotation de la Terre, on la voit tout le temps au même endroit.

Comment mesure-t-on les distances dans l'Univers ?

Impossible de mesurer en kilomètres comme on le fait sur Terre, car dans l'Univers les distances sont beaucoup trop grandes, si bien que les calculs deviendraient impossibles tant il y aurait de chiffres à aligner.
Pour calculer ces distances astronomiques, les scientifiques utilisent une échelle fondée sur la distance parcourue par la lumière en une année.

INCROYABLE !

- Les astronomes d'aujourd'hui se réfèrent encore aux rapports des anciens Chinois lorsqu'ils veulent reconstituer les mouvements de la comète de Halley.

Comment ne pas confondre les avions avec les satellites ?

Le ciel est encombré, c'est vrai : il y a les satellites qui tournent au-dessus de nos têtes, et aussi les avions. Ces derniers sont facilement reconnaissables, avec leurs lumières clignotantes, une rouge d'un côté, une verte de l'autre. Si on ne distingue pas les couleurs, on remarque qu'ils passent assez vite dans le ciel. Viennent les satellites : ces engins avancent en ligne droite en émettant une lumière ininterrompue ou un clignotement régulier. Il suffit donc d'un peu d'entraînement pour les distinguer.

Comment fait-on pour voir les galaxies ?

Il est difficile de voir les galaxies à l'œil nu. C'est pourquoi on a longtemps cru que la Voie lactée était la seule galaxie qui existait dans l'Univers. L'invention du télescope géant au XIXe siècle a permis de percer certains secrets de l'espace. Mais il a fallu attendre 1923 pour que les scientifiques comprennent qu'il y a des millions de galaxies. Sans télescope mais avec de bonnes jumelles, on peut tout de même apercevoir la galaxie d'Andromède, dans l'hémisphère Nord et, plus clairement, dans l'hémisphère Sud, les nuages de Magellan.

Pourquoi les télescopes sont-ils de plus en plus grands ?

Pour augmenter le champ de vision et collecter le plus de lumière possible. En effet, la plus infime lumière qui vient de l'espace est précieuse, car les astres que l'on observe peuvent avoir un rayonnement très faible. Dans les années 1970, on a mis au point un dispositif permettant de multiplier par cent la capacité des télescopes à collecter la lumière.

Pourquoi fabrique-t-on des radiotélescopes ?

Pour écouter le ciel. Grâce à son antenne géante, le radiotélescope capte les ondes radiométriques émises dans l'espace. Une fois saisies, les ondes sont transformées en signaux électriques et dirigées vers un ordinateur, où elles sont traitées pour essayer de connaître leur origine.

Pourquoi envoie-t-on des télescopes dans l'espace ?

Pour ne pas être gêné par l'atmosphère, car celle-ci brouille les images et ne laisse passer qu'une partie de la lumière. Placé à 600 km au-dessus de nos têtes,

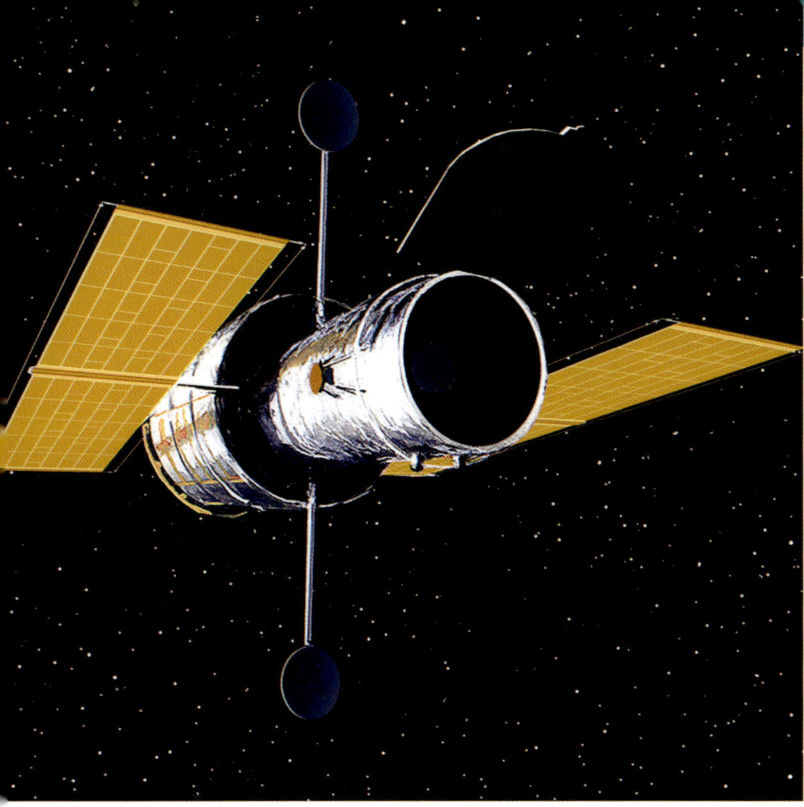

le télescope Hubble voit dix fois mieux que la plupart des grands télescopes installés sur Terre.

Comment peut-on encore découvrir de nouvelles planètes ?

Grâce à son œil superpuissant, Hubble a découvert de nombreuses planètes en dehors du système solaire. Plus fort encore, Herschel a été lancé en 2009. C'est le plus gros télescope jamais envoyé dans l'espace. Grâce à ses détecteurs infrarouges, capables de voir à travers les nuages de gaz et de poussière, il peut observer la naissance des étoiles et, pourquoi pas, découvrir de nouvelles planètes parmi les milliers d'étoiles.

Comment répare-t-on les télescopes installés dans le ciel ?

Ce sont les astronautes qui jouent les mécanos. Lancé en 1990, Hubble a subi sa quatrième opération à cœur ouvert en mars 2002. Une intervention réussie, à 28 000 km/h !

Les premières images de l'Univers transmises par le télescope spatial Hubble étaient très décevantes. Hubble était myope ! Ce défaut a été corrigé en 1993 lors d'une mission de réparation.

INCROYABLE !

● Des scientifiques voudraient transformer la Lune en observatoire, car elle réunit les conditions optimales pour une bonne observation : pas d'atmosphère, pas de villes, donc pas de lumière ni de radios...

Aller dans l'espace

- *L'homme a toujours rêvé d'aller dans l'espace. Au XVIIIe siècle, les frères Montgolfier s'envolaient dans la nacelle de leur ballon rempli d'air chaud. L'homme avait conquis le ciel, mais pas encore l'espace !*

- *C'est en 1957 qu'un premier satellite tourne autour de la Terre. En 1961, c'est au tour d'un homme et, en 1969, trois Américains marchent sur la Lune. Aujourd'hui, des satellites sont lancés régulièrement et des sondes explorent le système solaire.*

Comment fonctionne une fusée ?

C'est Isaac Newton qui a trouvé le principe du fonctionnement de la fusée au XVIIe siècle : « À chaque action correspond une réaction égale et contraire. » C'est aussi simple qu'un ballon en caoutchouc que l'on gonfle en soufflant dedans. Si on lâche le ballon sans avoir fait un nœud à son extrémité, l'air s'échappe (action) et pousse le ballon dans la direction opposée (réaction). Il en va de même pour la fusée : en brûlant le combustible qui l'alimente, son moteur projette des gaz en arrière. Ces gaz exercent une poussée dans la direction opposée et font avancer la fusée.

Comment les fusées font-elles pour se diriger ?

Il n'y a pas de pilote pour conduire les fusées, mais un cerveau électronique qui veille à chaque instant à ce que la trajectoire corresponde exactement à celle qui a été prévue au départ de la mission.

Comment les fusées font-elles pour redescendre sur Terre ?

Les fusées sont comme les Kleenex : on les jette après usage. La fusée est composée de plusieurs étages, chacun ayant des moteurs et des réservoirs. Les étages fonctionnent les uns après les autres de manière à ce que les vitesses

Le bras articulé de la navette installe un satellite en orbite.

l'atmosphère. Une sorte de mosaïque de briques en fibre de silice protège les parties les plus exposées aux frictions, c'est-à-dire le nez, le ventre et le dessous des ailes. Si une partie de ce revêtement est abîmée pendant le vol, la navette peut être détériorée lors de son entrée dans l'atmosphère.

s'additionnent. Après avoir rempli leur mission, ils se détachent. Soit ils retombent vers la Terre, soit ils brûlent dans l'atmosphère.

Pourquoi envoyer une navette dans l'espace plutôt qu'une fusée ?

Parce que la navette a plusieurs cordes à son arc : elle transporte des laboratoires où des chercheurs mènent des expériences, elle amène des astronautes jusqu'à une station spatiale. Contrairement à la fusée, elle est réutilisable.

Pourquoi la navette ne brûle-t-elle pas dans l'atmosphère ?

Comme tous les vaisseaux spatiaux, la navette est protégée par un revêtement isolant qui empêche ses parois de s'enflammer lors de la rentrée dans

INCROYABLE !

- Construire une centrale solaire spatiale ? C'est le projet des Japonais qui, d'ici 2030, voudraient lancer en orbite un engin équipé de panneaux solaires, afin de convertir l'énergie des rayons du Soleil en électricité.

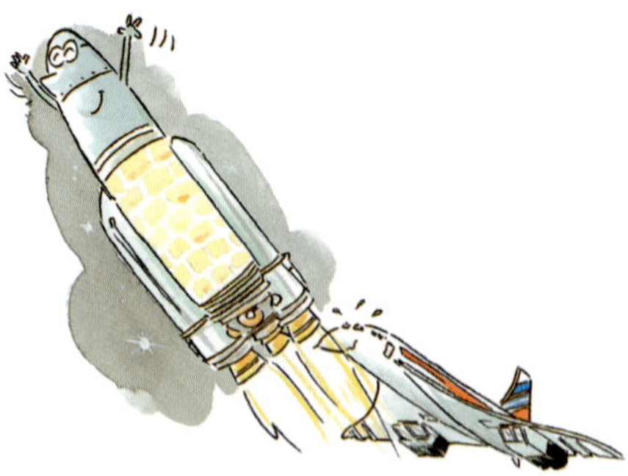

Pourquoi les avions ne peuvent-ils pas aller dans l'espace ?

Parce que leurs moteurs ne sont pas assez puissants pour s'arracher à l'attraction terrestre. Pour arriver en orbite terrestre, il faut atteindre une vitesse de 28 000 km/h. L'avion de ligne le plus rapide, le Concorde, ne dépasse pas 2 000 km/h.

Pourquoi place-t-on des satellites autour de la Terre ?

Avec leurs gros yeux et leurs grandes oreilles, les satellites prennent de plus en plus de place dans notre vie. Grâce aux satellites d'observation, on peut regarder la Terre, étudier les océans, les mouvements des volcans et même prévoir le temps. Les satellites de localisation permettent de savoir à tout moment où se trouvent les avions, les bateaux, les trains. Les satellites de communication permettent de téléphoner aux quatre coins de la planète ou de regarder en direct un match de foot qui a lieu à l'autre bout du monde.

Pourquoi les satellites ne retombent-ils pas sur la Terre ?

Parce que, comme la Lune, ils suivent une trajectoire autour de la Terre et tournent sans jamais s'arrêter. On dit qu'ils sont en orbite. Seule une fusée ou une navette peut les placer là-haut. Mais attention, la manœuvre est délicate : lancés à trop faible allure, ils retombent ; lancés trop haut, ils s'enfuient à tout jamais dans l'espace. Une fois placés à la bonne vitesse et à la bonne altitude, ils tournent comme sur des rails sans s'arrêter.

Pourquoi envoyer des sondes dans l'espace ?

Il est moins risqué d'envoyer des robots dans l'espace que des hommes. De plus, les sondes sont capables d'explorer tout le système solaire et de parcourir des milliers de kilomètres pendant plusieurs années, ce qu'aucun homme aujourd'hui n'est capable d'effectuer. C'est grâce à elles que l'on sait à quoi ressemble la majorité des planètes, de quoi leur surface est faite, quelle est la densité de leur atmosphère, quelles températures y règnent. Ainsi la sonde Surveyor 1 a-t-elle été envoyée en éclaireur sur la Lune avant que viennent les hommes. Grâce à elle, les scientifiques ont eu la preuve qu'un gros engin pouvait se poser sur le sol lunaire ; ils ont aussi pu constater qu'il n'y a pas d'oxygène sur la Lune.

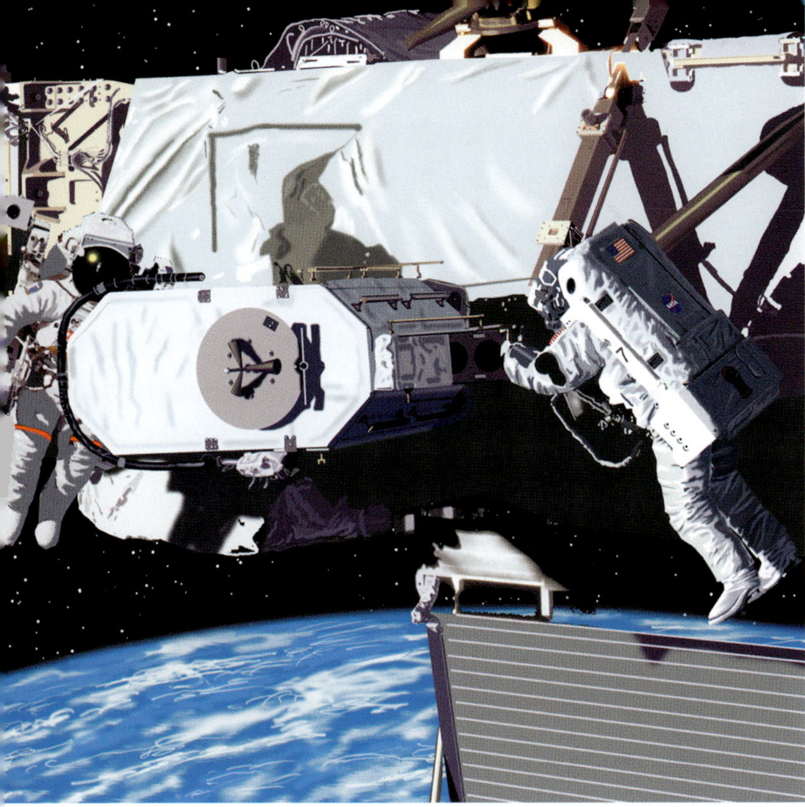

Ces astronautes assemblent un des éléments de la Station spatiale internationale.

Pourquoi installer une station dans l'espace ?

C'est vrai qu'il y a déjà des laboratoires embarqués dans les navettes, mais ils ne permettent que des expériences scientifiques de courte durée. Dans une station spatiale, ces dernières peuvent se dérouler sur plusieurs mois voire plusieurs années. Et cela dans un environnement différent de celui de la Terre : absence de pesanteur et vide presque total.

Comment l'homme pourra-t-il se rendre sur les planètes très éloignées ?

Ce n'est pas une mince affaire que de voyager pendant de longues années. Cela nécessite d'embarquer d'énormes quantités de vivres, d'eau et de matériel à bord du vaisseau.

Comme les auteurs de BD, les scientifiques ont imaginé d'endormir ces voyageurs du futur. De les faire hiberner, en quelque sorte, comme le font certains animaux.

INCROYABLE !

- Les scientifiques ont imaginé un ascenseur capable de relier la Terre à une station spatiale. Les voyageurs prendraient place dans des cabines circulant le long d'un câble géant.

Calculer le temps

- *Les heures sont très longtemps restées élastiques. Au Moyen Âge, on divisait encore la journée comme le faisaient les Romains ou les Égyptiens : 12 h de jour, 12 h de nuit. Mais comme la nuit dure plus longtemps en hiver, les heures de la journée raccourcissaient ; en été, c'était l'inverse.*

- *L'horloge mécanique apparaît au XIVe siècle. Avec elle, le temps varie de 15 à 30 min par jour ! Au XVIIe siècle Galilée puis Huygens mettent au point l'horloge à balancier.*

Comment mesure-t-on le temps qui passe ?

C'est le Soleil qui sert de repère. Chaque matin, il se lève à l'Est. Chaque soir, il se couche à l'Ouest. Tous les jours, sa course est réglée à la même vitesse. Alors, lorsque le Soleil est au plus haut dans le ciel, c'est-à-dire au zénith, on sait qu'il est midi, heure solaire.

Comment nos ancêtres lisaient-ils l'heure ?

L'ancêtre de l'horloge est le cadran solaire. Il a été inventé il y a environ 4 000 ans par les Égyptiens. C'est une véritable horloge à ombre : son principe est celui d'un bâton (gnomon) plus ou moins grand, planté dans la terre et qui permet de suivre la course de son ombre sur le sol en fonction du déplacement du Soleil.

Comment lisaient-ils l'heure la nuit ou quand il y avait des nuages ?

Ils utilisaient une horloge à eau, dont le principe se rapproche de celui du sablier. Il s'agit d'un récipient marqué de plusieurs traits horizontaux et percé d'un trou. Le récipient est rempli d'eau, laquelle s'écoule doucement par le trou pour tomber dans un autre récipient. L'espace entre

Le cadran solaire permet de connaître l'heure qui, grâce à la lumière du Soleil, est indiquée par l'ombre de la tige.

deux graduations représente un intervalle de temps. Ainsi peut-on mesurer le temps qui est nécessaire à l'eau pour s'écouler.

Pourquoi une horloge à balancier ne fonctionne-t-elle pas sur un bateau ?

L'horloge à balancier fonctionne avec un pendule, c'est-à-dire une tige qui oscille très régulièrement, et retrouve chaque fois son point d'équilibre grâce à la pesanteur. Hélas, les mouvements du bateau contrarient le va-et-vient du balancier. Alors, très longtemps, les marins se sont servis du sablier pour connaître le temps qui s'écoulait. Heureusement, au XVIIe siècle, Huygens a inventé un chronomètre constitué d'un balancier circulaire, et non plus vertical, qui fonctionne grâce à un ressort.

INCROYABLE !

- Des spéléologues ont vécu plusieurs semaines dans le noir et le silence. N'ayant rien pour rappeler la mesure du temps, ils ont oublié la durée du jour solaire de 24 h et adopté un rythme journalier de 35 h !

Pourquoi l'heure n'est-elle pas la même partout au même moment ?

Du fait que la Terre tourne, les différentes régions du monde ne font pas face au Soleil en même temps. Il fait nuit d'un côté de la planète et jour de l'autre. On a divisé le globe en 24 zones, délimitées par des lignes imaginaires qui joignent les pôles. Ce sont les fuseaux horaires. Les pays appartenant au même fuseau ont la même heure.

Pourquoi les fuseaux horaires ne dessinent-ils pas des lignes régulières autour de la Terre ?

Pour des raisons pratiques ! Les fuseaux peuvent, par exemple, suivre la découpe des frontières d'un pays. De cette façon, tous ses habitants règlent leur montre à la même heure. De la même manière, le fuseau peut s'élargir pour des raisons de commodités. Ainsi, la plupart des pays d'Europe de l'Ouest affichent la même heure, alors qu'ils s'étendent sur une distance équivalant à deux fuseaux. À l'inverse, un pays comme les États-Unis se divise en plusieurs fuseaux et utilise plusieurs heures légales.

Pourquoi, en voyage, doit-on changer l'heure de sa montre ?

C'est encore à cause des fuseaux horaires. Le Soleil se levant à l'Est, si on va dans cette direction, on avance sa montre d'une heure à chaque fuseau. Si, à l'inverse, on se dirige vers l'Ouest, on retarde sa montre d'une heure à chaque fuseau.

Comment fait-on pour s'adapter au décalage horaire ?

C'est assez difficile. La température du corps, le rythme cardiaque, la tension, la consommation d'oxygène varient selon que l'on est éveillé ou endormi. L'organisme a ses petites habitudes et n'aime pas qu'on les lui chamboule en mettant le jour à la place de la nuit. Si, en descendant de l'avion, il fait un grand soleil et que le corps, lui, est en pleine phase de sommeil, il va sécréter des hormones d'éveil qui vont faire le même effet que la sonnerie du réveil retentissant au milieu de la nuit. Après ce grand coup de stress, le corps, qui ressent une immense fatigue, va avoir besoin de plusieurs jours pour se caler sur les rythmes jour/nuit locaux.

Le soleil est haut dans le ciel de Pékin. Les Chinois déjeunent. Dans la nuit parisienne, les Français dorment encore.

Comment font les gens qui travaillent la nuit ?

Si les rythmes sont inversés mais stables, c'est-à-dire que la personne travaille toujours la nuit et dort le jour, son corps s'habitue sans trop en pâtir. Le plus difficile à supporter, ce sont les horaires irréguliers, comme une nuit de travail tous les trois jours. Dans de telles conditions, l'organisme perd ses repères et souffre.

Comment notre horloge interne trotte-t-elle ?

La respiration, les battements du cœur, le sommeil rythment le fonctionnement de notre corps, qui est programmé sur un cycle de 24 à 25 h. Il se cale généralement sur le rythme du jour solaire. C'est vrai qu'il y a les lève-tôt et les couche-tard, mais on se lève naturellement quand on est reposé et on a faim à peu près aux mêmes heures de la journée. Quand on sent la fatigue, on bâille : il est l'heure d'aller au lit !

INCROYABLE !

● Au XIe siècle, un astronome arabe mit au point une horloge à eau ultraperfectionnée. Après la conquête chrétienne, elle fut démontée. Personne ne fut jamais capable de la remonter !

La chimie

L'Univers est fait d'une multitude de grains infiniment petits qui s'agitent sans cesse dans le vide, les atomes. En se regroupant, les atomes forment des molécules. Ces molécules sont de tout petits bouts de la matière. Le lit, la fleur, l'air, l'eau et nous-mêmes sommes constitués de matière sous forme liquide, solide ou gazeuse...

Le chimiste étudie les molécules qui constituent un corps et la réaction produite par la réunion de plusieurs corps. Les alchimistes étaient leurs ancêtres. Ils cherchaient à transformer les métaux en or ou à trouver le secret de l'immortalité !

Comment la matière peut-elle être solide, liquide ou gazeuse ?

Tout dépend si les molécules qui la composent bougent, et comment. Prenons l'exemple de l'eau. Il gèle, les molécules sont serrées les unes contre les autres comme des sardines : c'est le corps solide. L'eau coule, les molécules roulent les unes sur les autres : c'est le corps liquide. La vapeur d'eau s'échappe de la casserole, les molécules s'éparpillent à toute vitesse : c'est le corps gazeux.

Pourquoi un tee-shirt blanc peut-il ressortir rose de la machine à laver ?

Parce qu'il a probablement été lavé avec un vêtement rouge. Pour donner leurs couleurs aux vêtements, on les imprègne d'une substance chimique colorante. Les molécules du colorant se fixent sur le tissu, pour s'introduire ensuite au cœur de ses fibres et s'y accrocher. Si le colorant n'a pas assez « mordu » le vêtement, les molécules peuvent se détacher du tissu pendant le lavage et faire un petit tour du côté du tee-shirt blanc...

Comment la lessive enlève-t-elle les taches ?

Comme le liquide pour la vaisselle ou le savon, la lessive est constituée de molécules très particulières. C'est un détergent. Les molécules plongent sur la saleté, l'encerclent et s'y collent jusqu'à l'obliger à se détacher du vêtement. La capture faite, elles entraînent la saleté à la surface de l'eau.

Le chimiste travaille dans un laboratoire et utilise souvent un microscope pour observer des molécules.

Comment fait-on le caramel ?

On plonge du sucre dans de l'eau froide. On obtient ce que les chimistes appellent une solution. Si on met trop de sucre, ça ne fond pas : la solution est saturée. Mais si on chauffe l'eau, ça fond beaucoup mieux et on obtient un beau liquide doré et odorant : le caramel. Si on continue à chauffer, l'eau s'évapore, le caramel se solidifie et forme des cristaux : la solution est sursaturée.

Pourquoi la mie du pain est-elle si légère ?

Comme le chimiste, le boulanger sait que « rien ne se perd, rien ne se crée, tout se transforme ». Le secret d'une mie légère, c'est la fermentation, c'est-à-dire les transformations qui ont lieu dans la pâte pendant qu'on la travaille. Tout commence par le mélange de l'eau et de la farine. Au contact de l'eau, la farine libère des sucres. Immédiatement, des champignons microscopiques se jettent sur les sucres, les avalent et les transforment en alcool et en gaz carbonique. Le gaz qui est prisonnier de la pâte ne peut pas s'échapper, il fait des bulles : la pâte gonfle, on dit qu'elle lève.

INCROYABLE !

- Quelle est la différence entre une mine de crayon et un diamant ? Tous deux sont constitués de carbone. La différence, c'est la manière dont leurs atomes sont assemblés !

Pourquoi, quand on bat un blanc d'œuf, ressemble-t-il à de la neige ?

Parce qu'en le battant très fort on fait entrer de l'air dedans. Le blanc, qui jusqu'alors est translucide, est constitué d'eau à 90 % et de protéines à 10 %. Pour que les blancs restent bien fermes, les protéines enrobent les bulles d'air en les isolant de l'eau. Ça monte, ça monte et ça ne descend pas !

Pourquoi y a-t-il autant de fromages ?

Parce qu'il y a autant de façons de les fabriquer. En France, il existe plus de 400 fromages. Tout commence avec du lait de vache, de brebis ou de chèvre que l'on fait cailler avec un produit acide, le ferment. Quand le lait est coagulé, on le met à égoutter dans des moules. On obtient un fromage tout simple, appelé fromage frais, comme le petit-suisse. Ensuite, on peut laisser « mûrir » en ajoutant des moisissures ou des champignons microscopiques. On peut aussi saler ou cuire la pâte.

Pourquoi le gruyère a-t-il des trous ?

Parce qu'en entrant en action sous l'effet de la chaleur certains petits microbes dégagent du gaz carbonique. Ça fait des bulles et du fromage à trous.

Pourquoi le sirop de fruits se mélange-t-il à l'eau ?

Imaginons les molécules d'eau comme un groupe de policiers et le sirop comme un groupe de voleurs. Les policiers font irruption au beau milieu du groupe et empêchent les voleurs de se regrouper. Le sirop est dilué !

Pourquoi, parfois, le bouchon du champagne saute-t-il ?

C'est à cause de la pression du gaz ! Si la bouteille est trop secouée, le gaz contenu jusqu'alors dans le goulot se mélange au liquide. Le champagne renferme ainsi plus de gaz qu'il ne peut en dissoudre. Si on essaie d'enlever le bouchon, la pression chute, le gaz part, le bouchon saute... et le champagne avec. Pour éviter le feu d'artifice, on peut toujours laisser reposer la bouteille. Le gaz reprendra sa place au-dessus du liquide.

Pourquoi les oignons font-ils pleurer ?

Parce qu'ils contiennent une huile spéciale qui s'évapore très vite quand on les coupe et qui « saute » littéralement aux yeux. Ceux-ci pleurent pour rejeter l'intruse.

Certains fromages sont ensemencés avec des moisissures qui vont se développer et faire des traces verdâtres.

Pourquoi a-t-on les yeux qui piquent quand on revient de la piscine ?

Parce que l'eau des piscines est souvent surchargée de chlore. On utilise ce produit pour purifier l'eau en tuant tous les microbes qui sont apportés par les baigneurs, comme la sueur, la salive et même parfois le pipi... En se rencontrant, les microbes et le chlore produisent un gaz à l'odeur d'eau de Javel qui irrite les yeux.

Pourquoi le vinaigre pique-t-il ?

Parce que c'est un acide et que tous les acides piquent. Quand on avale le vinaigre, il pique la langue et il pique la peau si on le verse sur une plaie. C'est cet acide qu'on utilise pour conserver les cornichons dans leur bocal.

Comment peut-on couper les oignons sans pleurer ?

Pour ne pas pleurer, il faut couper les oignons dans l'eau, qui emprisonnera une grande partie de l'huile.

DANGER !

- Une tête de mort est dessinée sur l'emballage des produits acides pour en signaler le danger. Alors, avant de toucher à n'importe quel produit, regardez d'abord l'étiquette !

Les matériaux

Comme un magicien, le chimiste transforme la matière pour inventer des matériaux aux nouvelles propriétés : plus isolants, imperméables, moins chers ou recyclables... Ces différentes propriétés vont déterminer l'usage que l'on en fera dans l'aérospatial et la construction, l'alimentaire ou encore la médecine.

Pour créer ces nouveaux matériaux, les chercheurs mettent au point des techniques nouvelles. Mais quelquefois, c'est la nature qui leur donne des idées...

Comment la nature peut-elle donner des idées aux scientifiques ?

La nature est pleine d'astuces. Prenons l'inventeur du Velcro, ce système qui fait « scratch » et permet d'attacher les chaussures de sport sans avoir à faire les lacets. Eh bien, l'idée de l'inventer est venue en observant le petit fruit tout sec et tout rond de la bardane, qui a fâcheusement tendance à s'accrocher à tous les tissus...

Comment a-t-on inventé un pare-brise qui n'a pas besoin d'essuie-glace ?

En regardant du côté du lotus, dont les feuilles sont nettoyées par la moindre ondée ! L'eau glisse dessus, car elles sont recouvertes d'une cire qui ne supporte pas ce liquide, dite hydrophobe. En s'écoulant, l'eau emporte les saletés. Sur le même modèle, on a inventé un produit qui dépose un film hydrophobe sur le pare-brise des voitures. Les gouttes d'eau roulent et dégagent ainsi la vue. Pas besoin d'essuie-glace, un peu d'air suffit !

Pourquoi les lunettes aident-elles à mieux voir ?

Parce que les verres des lunettes n'ont rien à voir avec ceux d'une fenêtre. Ils sont fabriqués tout spécialement pour corriger la vue et s'adaptent à une seule personne. On fait fondre le verre à très haute température. Puis on le sort du four lorsqu'il forme un fil. On le verse alors goutte à goutte dans un moule que l'on presse. Les gouttes s'étalent en prenant des formes

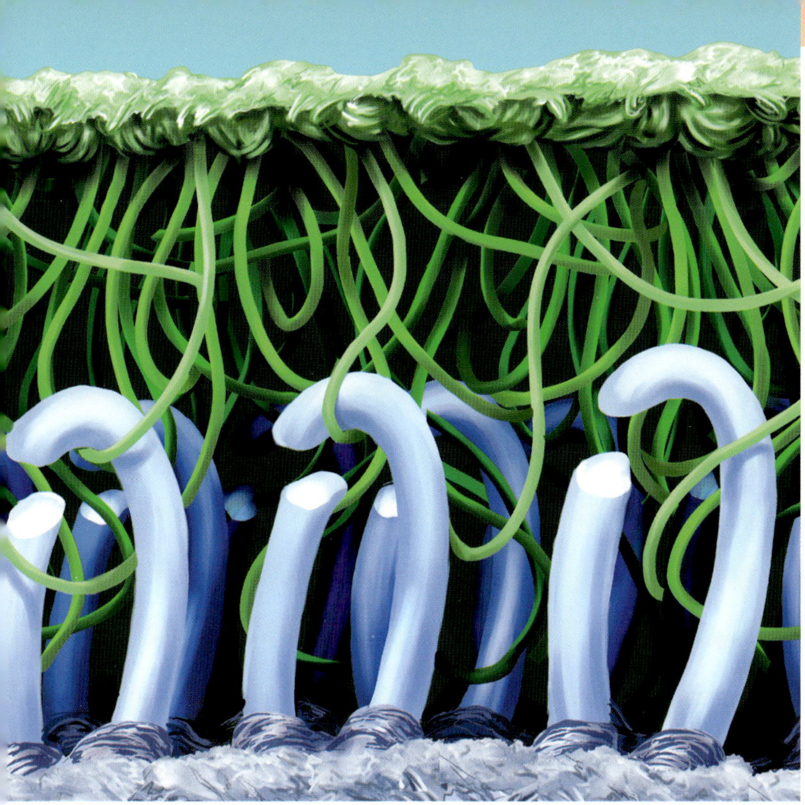

Vue au microscope du Velcro. Les crochets d'une bande agrippent les filaments de l'autre bande.

différentes selon la correction que l'on doit apporter à l'œil. Les verres concaves sont destinés aux myopes, les verres convexes aux personnes hypermétropes, car ils grossissent l'image.

Comment sont faites les fusées ?

Ce n'est pas une mince affaire, car la fusée doit supporter les conditions très particulières du vide spatial et des poussées très fortes lors du décollage. La priorité est d'avoir des matériaux légers, capables de supporter

des vibrations considérables lors du lancement. Les ingénieurs ont donc imaginé une structure qui allie robustesse et légèreté, faite de milliers de petites alvéoles. Cette structure s'inspire de la manière dont les abeilles construisent leur nid. Eh oui, encore la nature !

INCROYABLE !

- Le « Seagel » est un matériau que l'on utilise comme revêtement des satellites, car il est capable de piéger les poussières sans les détruire. Ainsi, les scientifiques peuvent les analyser plus tard.

Comment un pull-over peut-il être fabriqué avec du plastique ?

Grâce au recyclage des bouteilles en plastique. Une fois réduites en billes minuscules, on les fait fondre, puis on passe le plastique à travers une filière, comme celle des araignées, pour l'étirer en fil. Il ne reste plus qu'à tricoter le pull-over.

Comment sont faits les gilets pare-balles ?

En Kevlar, un matériau léger, costaud et très résistant au feu. Cependant, il semble qu'il y ait encore mieux que le Kevlar, c'est... la soie que fabrique l'araignée. S'il existait un fil d'araignée de la taille d'un tuyau d'arrosage, il pourrait supporter le poids de deux Boeing 737 ! Mais comment faire pour produire une telle soie ? Impossible de faire un élevage d'araignées, car elles se dévoreraient ! La seule solution serait de copier le matériau miracle. Encore faudrait-il connaître le secret du filage qui a lieu, loin des regards indiscrets, dans le ventre de l'insecte !

Comment sont faites les prothèses que l'on utilise en médecine ?

Dans l'Antiquité, on utilisait l'ivoire, l'or et même le bois pour faire des fausses dents. Aujourd'hui, les scientifiques sont sans cesse à la recherche de nouveaux matériaux qui n'agressent pas le corps de manière que celui-ci n'alerte pas ses systèmes de défense pour combattre l'intrus. On utilise des plastiques comme le Teflon, de l'acier inoxydable...

Pourquoi les bijoux ne sont-ils pas entièrement en or ?

C'est pour rendre l'or plus dur qu'on y incorpore un autre métal ; cela peut être de l'argent, du cuivre, du nickel ou du platine. Mais attention ! Tous les bijoux jaunes ne sont pas en or. Certains sont faits de cuivre, d'autres sont plaqués or, c'est-à-dire qu'une très mince couche d'or recouvre un autre métal beaucoup moins précieux.

Comment sont faites les coques de bateaux de course ?

Ni en acier, ni en bois, ni en plastique... Les coques de Formule 1 des mers sont fabriquées avec des fibres de carbone collées les unes aux autres. C'est ce même matériau qui sert

Les coques de certains bateaux de course sont fabriquées en fibre de carbone. Ce matériau ultraléger et très résistant leur permet d'atteindre des vitesses considérables.

à la construction des fusées et des satellites. Il est aussi résistant que l'acier et environ cinq fois plus léger !

Comment est-il possible de manger des arêtes de poisson ?

En mangeant du surimi, ces petits bâtonnets orange à la chair blanche et au goût de crabe... Pour réussir à vendre des poissons bourrés d'arêtes,

les Japonais ont eu l'idée de les broyer. Avec la pâte qu'ils obtiennent, ils forment de petits bâtons. Il suffit ensuite d'ajouter une substance parfumée au crabe !

INCROYABLE !

- Le faux sucre est plus sucré que le vrai ! Les scientifiques ont fabriqué des substances très sucrées qui sucrent beaucoup sans apporter une calorie !

L'électricité

Le mot électricité vient du grec « êlektron » qui signifie ambre. Thalès de Milet au VIe siècle avant J.-C. note que l'ambre jaune produit un étrange phénomène quand on la frotte avec de la laine : elle attire les corps très légers. Au XVIIe siècle, on parvient à emprisonner de l'électricité obtenue par frottement. Benjamin Franklin découvre que l'éclair est de l'électricité. Un siècle plus tard, Volta invente la première pile électrique.

Les électrons ressemblent à des petits satellites. Ils tournent autour du noyau de l'atome sur des étages de circulation. Ils se promènent seuls ou en couple.

Pourquoi y a-t-il des crépitements quand on enlève son pull ?

Un pull, c'est de la matière faite d'atomes. Autour du noyau des atomes circulent les fameux électrons. Quand on enlève le pull, il y a des frottements : les électrons sont arrachés, ils se déposent sur une autre surface qui se charge d'électricité : ça crépite !

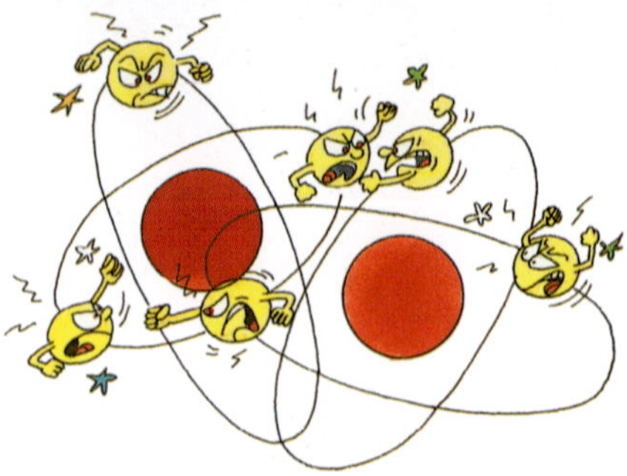

Pourquoi les cheveux se dressent-ils sur la tête quand on se déshabille ?

Quand les cheveux se dressent sur la tête lorsqu'on ôte un vêtement en fibres synthétiques, c'est qu'il y a de l'électricité statique. Avec le frottement, le vêtement perd ses électrons. Chaque cheveu étant chargé de la même électricité que son voisin, ils se repoussent les uns les autres !

Pourquoi reçoit-on parfois une décharge électrique au contact de la voiture ?

Les vêtements emmagasinent l'électricité. Aussitôt que l'on touche la portière en métal, celle-ci joue le rôle de conducteur. Les électrons s'évacuent : il y a une décharge électrique ! Le petit coup de « jus » arrive aussi quand on se serre la main ou qu'on s'embrasse... Pas besoin d'être amoureux pour ça !

L'électricité est conduite par des câbles. Des installations où elle est produite partent de nombreuses lignes à haute tension soutenues par d'énormes pylônes. L'électricité est ensuite répartie vers les sites utilisateurs par des câbles plus fins.

Comment enferme-t-on l'électricité dans une pile ?

On n'enferme pas l'électricité dans la pile, c'est la pile qui la génère grâce aux matériaux qu'elle renferme. Quand ceux-ci entrent en contact, ils provoquent une réaction chimique qui crée l'électricité. La pile, par exemple, est constituée de cuivre, d'aluminium et d'eau salée. L'eau salée attire les électrons du cuivre pour les transmettre à l'aluminium, c'est un vrai remue-ménage. Au bout du compte, le cuivre a perdu ses électrons et l'aluminium en a gagné beaucoup. On dit qu'il y a un pôle positif (le cuivre) et un pôle négatif (l'aluminium). Ce sont ces mouvements qui produisent le courant électrique.

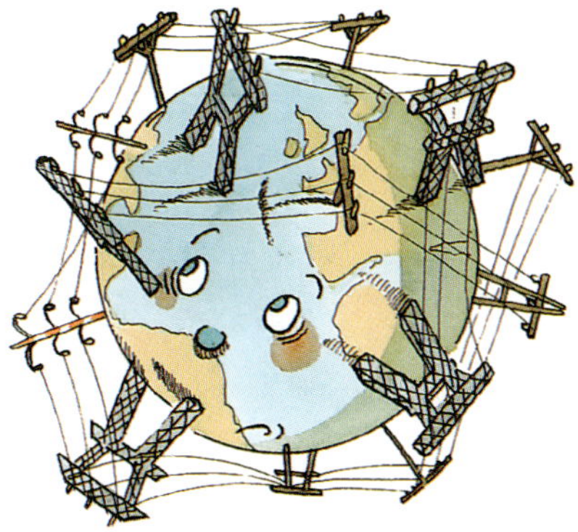

INCROYABLE !

- Le réseau de lignes électriques ressemble à une gigantesque toile d'araignée. Sous terre ou en l'air, il y a des millions et des millions de kilomètres de fil !

Comment l'électricité se déplace-t-elle ?

L'électricité peut se déplacer sur de longues distances si le circuit n'est jamais interrompu : on dit que le circuit est fermé. Dans une maison, il y a un compteur électrique. C'est un peu comme un robinet qui distribue de l'électricité. Le fil électrique part du compteur et conduit l'électricité jusqu'à l'ampoule ou la cafetière (les récepteurs), puis il revient vers le compteur. Quand le fil conducteur entre en contact avec le générateur, les électrons remontent le courant tous en chœur comme si, à un bout, ils étaient chassés par un grand courant d'air (le pôle négatif) et happés, à l'autre bout, par un aspirateur (le pôle positif).

Pourquoi dit-on que le fusible a sauté ?

Il saute ou du moins il casse, si les fils conducteurs s'échauffent trop quand le courant circule. En fait, le fusible est un fil spécial que l'on place exprès dans le circuit électrique pour empêcher les risques d'incendie. Si le courant est trop fort, le fusible fond et casse avant que le circuit prenne feu. Le courant saute avec le fusible !

Comment la maison reçoit-elle le courant électrique ?

L'électricité est fabriquée dans une centrale électrique. La centrale distribue l'électricité aux maisons particulières comme aux entreprises, grosses et petites. À la sortie de la centrale, l'électricité circule dans de gros câbles capables de supporter un courant très fort. Ce sont des lignes à haute tension. Ensuite, le courant passe par des transformateurs, qui baissent sa tension de manière qu'il puisse être distribué dans les maisons.

Comment fonctionne une sonnette électrique ?

Pour faire une sonnette électrique, il faut un marteau monté sur ressort, une sonnette, un fil conducteur et une batterie. Le fil d'électricité est roulé en bobine. Cette forme toute particulière augmente le champ magnétique créé par le courant électrique. Quand on allume le courant, le champ magnétique apparaît ; quand on le coupe, il disparaît. Ainsi, en appuyant sur l'interrupteur de la sonnette, on laisse passer le courant, qui court le long du fil et passe à travers la bobine magnétique, laquelle comme un aimant, attire le marteau. Quand le marteau heurte la sonnette, il coupe le circuit électrique. Le champ magnétique s'éteint.

Comment l'ampoule émet-elle de la lumière ?

À l'intérieur de l'ampoule, il y a une sorte de fil de métal entortillé en spirale, que l'on appelle filament. Quand le courant électrique passe à travers lui, il le chauffe si fort que celui-ci devient rouge : la lumière jaillit. Parfois, un choc ou l'usure casse le filament. Le courant ne le traverse plus. Il n'y a plus qu'à changer l'ampoule.

À travers le verre fin et généralement transparent de l'ampoule, on aperçoit le filament. Il ne faut pas le regarder quand le courant électrique le traverse parce qu'alors la lumière qu'il diffuse abîme les yeux.

Pourquoi la lumière de l'ampoule change-t-elle d'intensité ?

Tout dépend de la température atteinte par le filament : plus il est chaud, plus la lumière est vive. Quant à la couleur, elle peut être plus ou moins bleutée ou orangée. Cela dépend des matériaux que l'on utilise.

DANGER !

- Le courant sort des prises à plus de 100 volts. Il y a déjà un danger à partir de 24 volts si le courant traverse le corps en continu ! Gare à ne pas jouer avec les prises !

Pourquoi ne voit-on pas les fils électriques dans les villes ?

De plus en plus souvent, les fils électriques sont enterrés. De grandes tranchées sont creusées sous les trottoirs. Des câbles à basse tension y sont installés à l'abri dans des tubes de protection. Dans les immeubles, des gaines prennent le relais pour amener l'électricité à tous les étages.

Comment fonctionne le paratonnerre ?

Grâce à sa haute pointe métallique, il attire l'éclair et protège de la foudre les bâtiments qui se trouvent autour. En parfait conducteur, il conduit directement l'éclair dans la terre. Plus le paratonnerre est élevé, plus le terrain qu'il protège est grand.

Pourquoi utiliser les satellites pour transporter les ondes ?

Parce que la terre est ronde et couverte de bosses. Vu que les ondes avancent en ligne droite, il est difficile d'avoir une bonne communication entre Madrid et Bruxelles. Il faut donc construire une chaîne de relais. Chaque relais a son voisin à l'œil. De leur hauteur (36 000 km), les satellites de communication sont des relais idéaux. Trois satellites géostationnaires (qui tournent à la même vitesse que la Terre) suffisent pour voir la planète en entier !

Comment fonctionne le téléphone fixe ?

Le principe du téléphone, découvert par Alexander Graham Bell, c'est la transformation de la voix en signaux électriques. Les différentes ondes sonores font varier les signaux, qui sont conduits à travers un fil de cuivre de l'émetteur au récepteur. Quand les signaux arrivent jusqu'à l'oreille du récepteur, ils reproduisent la voix de l'émetteur.

Comment les images et le son arrivent-ils dans la télévision ?

De la même manière que la radio ! Les ondes électromagnétiques transmettent aussi bien les images que les sons. Elles transitent par des antennes installées en hauteur pour arriver jusqu'à une antenne locale, perchée le plus haut possible, afin de desservir le plus de maisons possible.

Le paratonnerre capte l'énergie de la foudre et protège ainsi les constructions environnantes.

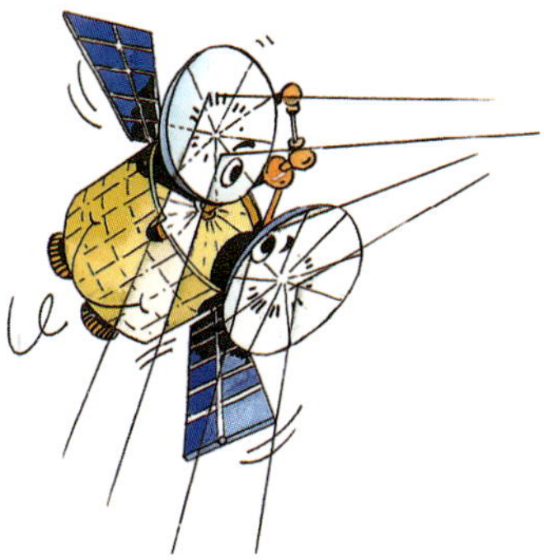

Comment peut-on recevoir des chaînes des quatre coins du monde ?

Du haut de son perchoir, le satellite réussit la prouesse de capter un grand nombre de programmes télévisés en même temps. Chaque programme est transmis par une onde électromagnétique : on peut imaginer une gigantesque autoroute de l'espace sur laquelle chaque onde circule sur sa propre voie pour arriver jusqu'au satellite et repartir vers la Terre.

Pourquoi un aimant coupé en deux donne deux aimants ?

L'aimant est un corps qui attire le fer et d'autres métaux. À l'intérieur de l'aimant, il y a des petits groupes d'atomes qui s'agitent dans tous les sens. Si un autre aimant vient à passer par là, tous les groupes s'orientent dans la même direction. Si on coupe l'aimant en morceaux, chaque petit groupe continue de réagir comme si de rien n'était. Bref, chaque groupe est un aimant.

INCROYABLE !

Grâce aux satellites, on peut capter des centaines de chaînes télévisées du monde entier.

L'eau

- *L'eau est partout sur la Terre. On la trouve dans les océans, dans les glaciers, dans l'atmosphère.*

- *L'eau est indispensable à la vie. Si on ne boit pas, on peut mourir au bout de trois jours.*
- *L'eau est précieuse. 97,20 % de l'eau de la planète est salée. Seulement 0,65 % de l'eau douce peut être facilement disponible pour la consommation. Le reste se trouve dans les icebergs, les nappes souterraines très profondes et dans l'atmosphère.*

Comment l'eau arrive-t-elle dans le robinet ?

L'eau est pompée à la source ou dans la rivière, elle est traitée et arrive ensuite dans un grand réservoir où elle est stockée. Parfois le réservoir est enterré, parfois il se dresse au-dessus du sol : c'est le château d'eau.

Ces grandes réserves sont sous haute surveillance, car l'eau ne doit ni perdre ses qualités ni manquer en cas de sécheresse. L'eau part ensuite dans des canalisations creusées dans le sol pour arriver jusqu'au robinet.

Pourquoi l'eau de la fontaine n'est-elle pas toujours potable ?

Parce qu'elle n'a pas les qualités nécessaires pour être bue. Quand l'eau vient de la rivière, on la débarrasse de toutes ses impuretés avant de la distribuer dans les maisons. On la filtre pour enlever les débris gros ou petits qu'elle emporte avec elle, puis on élimine tous les microbes qui s'y développent en la traitant avec des produits chimiques. Comme ce grand nettoyage coûte cher, certaines villes ou certains villages choisissent d'avoir deux réseaux d'eau : le réseau d'eau potable pour alimenter les maisons ; le réseau d'eau non potable, qui sert au nettoyage des rues, à l'arrosage des jardins publics et aux fontaines.

Pourquoi l'eau a-t-elle parfois le goût d'eau de Javel ?

Parce que, pour la rendre potable, on utilise des produits tueurs de microbes,

Les eaux usées des villes sont recueillies dans des galeries souterraines, les égouts, et sont évacuées vers une station d'épuration.

comme l'eau de Javel ou le chlore, savamment dosés...

Comment se débarrasse-t-on de l'eau sale ?

On débouche la baignoire, on tire la chasse d'eau, on vide l'évier... et l'eau sale disparaît dans de gros tuyaux qui rejoignent les égouts. L'eau sale est ensuite conduite vers des lieux de traitement, passe à travers des filtres, subit des traitements chimiques. L'eau peut désormais rejoindre le fleuve.

Pourquoi les Islandais peuvent-ils se baigner toute l'année ?

Parce qu'il y a beaucoup de sources d'eau chaude. L'Islande est une région volcanique. Dans le sol, les roches poreuses sont chauffées par le magma. Comme des éponges, les roches absorbent les eaux qui s'infiltrent dans la Terre et les réchauffent. L'eau chaude remonte vers la surface avec plus ou moins de pression. On croirait un Jacuzzi géant avec jets de vapeur, geysers et eau bouillante, garantis toute l'année.

INCROYABLE !

- Dans certains pays, comme en Afrique, où l'eau n'arrive pas jusqu'à leur habitation, des millions de gens passent 2 à 4 heures par jour à aller la chercher au puits.

Pourquoi un énorme pétrolier peut-il flotter ?

Parce que la Terre attire le pétrolier à elle, mais que l'eau le repousse. C'est Archimède, un savant grec qui vivait il y a 2 200 ans, qui l'a compris ! Le bateau ressemble à une grosse boîte creuse. Quand il repose sur l'eau, il prend la place d'un certain volume de cette eau. Comme le pétrolier est creux, il est moins lourd que l'eau qu'il remplace. Or la force qui le pousse vers le haut est égale au poids de l'eau qu'il a déplacée. Si on remplit le pétrolier, il s'enfonce ; si on le vide, il se soulève. Quand le poids du pétrolier dépasse celui du volume d'eau, il coule.

Pourquoi y a-t-il moins de pression à la surface de l'eau qu'en profondeur ?

Imaginons dix acrobates : le premier acrobate se tient debout sur le tapis, le second grimpe sur ses épaules, le troisième grimpe sur les épaules du second et ainsi de suite jusqu'au dixième. Le premier acrobate supportera un poids plus important que le neuvième ! C'est la même chose pour une colonne d'eau ou une colonne d'air, plus il y a de matière au-dessus, plus la pression est forte.

Pourquoi dit-on que l'eau est douce ?

Parce qu'il y a peu de petits bouts de minéraux qui sont dissous dedans. C'est l'eau de pluie qui est la plus douce, parce qu'elle n'a jamais touché le sol. L'inverse de l'eau douce, c'est l'eau dure, c'est-à-dire une eau qui a été en contact avec les roches et le sol, et qui a emporté avec elle des minéraux et du calcaire.

Pourquoi y a-t-il de l'eau qui pique ?

Parce qu'elle contient du gaz carbonique. Quand on ouvre la bouteille, les bulles montent en pétillant : c'est le gaz qui part ! Il existe des sources naturelles d'eau gazeuse. D'autres eaux sont « plates ». On leur ajoute le gaz lors de la mise en bouteille.

Comment met-on l'eau en bouteille ?

En la mettant sous un robinet. Mais pas celui de la cuisine ni de la salle de bains. L'eau provient de grandes poches d'eau situées dans la Terre. Une fois que l'on a extrait l'eau, on contrôle sa qualité et son goût. Puis on remplit les bouteilles tous les jours et toutes les nuits. Ces eaux, dites minérales, sont riches en sels minéraux, qu'elles ont arrachés aux roches des profondeurs de la Terre.

Sur une chaîne de conditionnement d'eau minérale, un souffle d'air nettoie une dernière fois les bouteilles afin qu'aucune impureté ne détériore la qualité de l'eau.

Comment fait-on bouillir l'eau ?

Normalement, en la chauffant à 100 °C. Mais l'ébullition dépend de la pression qu'il y a au-dessus de l'eau. Quand la pression diminue, l'eau bout plus vite : tout en haut d'une montagne, elle bout à 85 °C. Dans une Cocotte-Minute, où la pression est un peu plus élevée, l'eau ne bout qu'à environ 120 °C.

Pourquoi la vapeur d'eau disparaît-elle ?

Parce que, sous l'effet de la chaleur, l'eau se transforme en gaz et se mélange à l'air. En sortant de la bouilloire, la vapeur qui entre en contact avec l'air plus froid se transforme en minuscules gouttelettes d'eau : elle se condense. Les gouttelettes disparaissent en s'éparpillant dans l'air, puis, quand il fait froid dehors, elles réapparaissent en se condensant à nouveau sur les vitres de la fenêtre.

INCROYABLE !

- Il existe non seulement des goûteurs de chocolat mais également des goûteurs d'eau. Ils sont chargés de déguster l'eau pour vérifier qu'elle a toujours le même goût !

La chaleur

- *Eau, gaz, métal... tous les corps se transforment avec la chaleur. Tous sont formés de molécules qui bougent plus ou moins. Avec la chaleur, les molécules jouent aux autos tamponneuses. Elles prennent leurs aises, et sont moins serrées. On dit alors que le corps qu'elles constituent se dilate.*

- *Les corps chauffés diffusent de l'énergie : plus leur température est élevée, plus leur rayonnement est important. D'aussi loin qu'il est, le Soleil dont le cœur bouillonne à environ 15 millions de degrés, parvient à chauffer la Terre.*

Pourquoi l'eau qui bout fait-elle des bulles ?

Lorsqu'elles sont au fond de la casserole, juste au-dessus du feu, les molécules d'eau se dilatent et se transforment en vapeur, c'est-à-dire en bulles de gaz. Légères, elles montent vers la surface. Là, une partie s'échappe de la casserole, l'autre éclate en se refroidissant au contact des molécules situées à la surface. Et voilà les petites molécules qui replongent vers le fond en laissant la place à d'autres copines plus chaudes. On peut dire que l'eau qui bout est un véritable ascenseur à bulles !

Comment les pompiers éteignent-ils le feu ?

En le fatiguant, en l'empêchant de respirer ou de manger. Le feu est

comme un être vivant : il a besoin de chaleur, d'oxygène et de nourriture.
En l'aspergeant d'eau, les pompiers s'attaquent à son énergie. Le feu se fatigue à transformer l'eau en vapeur, il n'a plus la force d'enflammer ce qui l'entoure. Pour éteindre les feux qui explosent au contact de l'eau, les pompiers les privent d'oxygène en les étouffant avec du sable ou des poudres spéciales. Dans les forêts, on affame le feu en traçant de grandes allées parfaitement débroussaillées : quand le feu arrive à leur niveau, il n'a plus rien à se mettre sous la dent.

Pourquoi les vêtements sont-ils chauds ?

Parce qu'ils emprisonnent une couche d'air au-dessus du corps. Ce n'est pas

le vêtement qui est chaud, mais l'air qui se réchauffe au contact de la peau. Le vêtement, lui, est isolant : il empêche l'air de s'échapper. Si le pull en laine paraît plus chaud que le pull en coton, c'est parce que les fibres de la laine, minutieusement enchevêtrées, sont un parfait piège à air.

Pourquoi les Esquimaux construisent-ils des igloos ?

Parce que leurs murs de glace isolent parfaitement du froid. Eh oui ! Comme la laine du pull-over, les cristaux de glace capturent les bulles d'air. La chaleur que dégagent les Esquimaux

La couverture de survie est très pratique dans des conditions climatiques difficiles, car elle protège du froid et de l'humidité. Quand on est perdu, elle sert aussi de moyen de signalisation.

se heurte aux murs sphériques, qui la renvoient comme un boomerang au centre de l'igloo.

Comment peut-on cuire sans feu ?

Avec un four à micro-ondes. Les ondes agitent violemment les molécules d'eau qui se trouvent dans les aliments. Bringuebalées en tous sens, elles bousculent les molécules voisines et leur transmettent leur chaleur. Dring ! Le rôti est cuit en très peu de temps.

INCROYABLE !

- Superisolante, la couverture de survie est une très fine feuille de plastique métallisé. Elle sert aux randonneurs qui bivouaquent en haute montagne.

La lumière

• La lumière est une énergie qui voyage à 300 000 km/s. Elle nous est envoyée par les astres sous forme de rayonnements. Il y a d'un côté la lumière visible, que l'on perçoit à l'œil, de l'autre la lumière invisible, comme les rayonnements infrarouges et ultraviolets.

• Tous ces rayonnements, aussi appelés ondes, se déplacent dans l'espace en ondulant comme les vagues sur l'océan avec une longueur d'onde particulière, c'est-à-dire une distance entre les sommets des vagues qui lui est propre.

Pourquoi une onde a-t-elle plus d'énergie qu'une autre ?

Parce que la distance qui sépare le sommet de deux vagues successives y est plus courte : plus la distance est courte, plus l'énergie est élevée.

Comment calcule-t-on la vitesse des rayonnements ?

Imaginons que l'on est sur une plage. On prend un chronomètre et, pendant une minute, on compte le nombre de vagues qui déferlent sur le rivage. Mettons qu'il y ait 16 vagues : la fréquence est de 16 par minute. Sachant que la longueur d'onde est la distance entre le sommet de deux vagues successives, soit 3 m par exemple, pour calculer la vitesse, on multiplie la fréquence par la longueur d'onde, soit : 16 x 3 = 48 m par minute.

Pourquoi la paille dans le verre d'eau donne-t-elle l'impression d'être brisée ?

Parce que la lumière change de direction quand elle passe de l'air à l'eau. On appelle cela la réfraction. Mais la lumière réserve d'autres « coups tordus ». Si on place la paille toute droite au milieu du verre d'eau, elle ne semble pas brisée. En revanche, plus on l'incline, plus elle est tordue. La lumière ne se déplace pas de la même manière dans toutes les substances. Certaines « plient » plus la lumière.

Pourquoi parle-t-on de couleurs primaires ?

Parce qu'à partir de ces trois couleurs de la lumière, le rouge, le jaune et le bleu, on peut réaliser n'importe quelle autre couleur. En les mélangeant deux par deux, on obtient les trois couleurs secondaires : le vert, l'orange et le violet. Mélangées toutes ensemble, elles donnent le noir.

Quand la lumière du Soleil se réfléchit deux fois à l'intérieur de grosses gouttes d'eau, il se forme un second arc-en-ciel, mais avec les couleurs inversées.

Comment se forme un arc-en-ciel ?

Grâce aux milliards de gouttes de pluie présentes dans l'atmosphère, qui décomposent la lumière du Soleil, qui nous semble blanche, en plusieurs couleurs. Plus les gouttes sont petites, plus les nuances de couleur sont grandes.

À la fin du XVIIe siècle, Newton propose une composition de l'arc-en-ciel en sept grandes couleurs : rouge, orange, jaune, vert, bleu, indigo et violet.

INCROYABLE !

- Il faut 8 min et 20 s aux rayons du Soleil pour parvenir jusqu'à nous, malgré les 150 millions de kilomètres qui séparent la Terre du Soleil.

Pourquoi la lampe torche éclaire-t-elle dans toutes les directions ?

Parce que la lumière traverse une lentille de forme concave, plus mince au centre que sur le bord, qui éparpille la lumière. Si la lentille avait la même épaisseur sur les côtés et sur le centre, la lumière de l'ampoule continuerait tout droit son chemin. Pour que la lumière se concentre en un seul point, le verre doit être convexe, c'est-à-dire plus épais au centre, comme une loupe. La concentration de la lumière peut même enflammer une feuille sèche. Il ne faut pas oublier que la lumière est une puissante énergie.

Pourquoi peut-on bronzer à travers une vitre ?

Parce qu'une partie des rayons ultraviolets, les ultraviolets A, traversent la vitre. Mis en contact avec la peau, ils créent une réaction chimique : la peau fabrique de petits pigments marron qui la protègent tout en lui donnant sa jolie couleur chocolat. Ce bronzage est très rapide, mais il est aussi beaucoup moins intense que lorsque la peau est exposée aux autres rayons.

Pourquoi les rayons gamma et X sont-ils dangereux ?

Parce qu'ils transportent tellement d'énergie qu'ils deviennent mortels pour nous. Heureusement, la couche d'ozone est là pour les arrêter avant qu'ils atteignent la surface de la Terre. D'où les soucis que l'on peut se faire à propos des fameux trous dans la couche d'ozone !

Pourquoi les rayons infrarouges sont-ils si précieux pour nous ?

Parce qu'ils donnent à la Terre des températures agréables. Sans eux, il ferait 30 °C de moins. Brrr ! De la même façon qu'ils chauffent notre planète, ils réchauffent notre peau en lui donnant une très agréable sensation de bien-être.

Pourquoi la tomate est-elle rouge et l'herbe verte ?

Parce que la peau de la tomate reflète la lumière rouge et absorbe les autres couleurs, alors que l'herbe reflète la lumière verte et absorbe les autres couleurs. Ainsi, ce n'est pas l'herbe qui est verte, ni la tomate qui est rouge, mais la texture de leur surface qui reflète des longueurs d'ondes lumineuses différentes.

Certains soirs, le Soleil enflamme le ciel de ses rayons orangés avant de céder la place à l'obscurité.

Pourquoi le Soleil est-il parfois rouge quand il se couche ?

Parce que, lorsque le Soleil se couche, ses rayons traversent les gaz de l'atmosphère en biais, donc sur une plus grande épaisseur. Seuls les rayons rouges parviennent à passer à travers un filtre si épais. On dirait que le Soleil rougit.

Comment la lumière peut-elle être noire ?

C'est la lumière ultraviolette que l'on appelle lumière noire. C'est elle qui peut donner des coups de soleil. Elle peut aussi rendre certains matériaux fluorescents : dans une pièce plongée dans le noir, certains objets exposés à ces rayons invisibles émettent de la lumière. On dirait que la pièce est hantée !

INCROYABLE !

- L'homme aussi voit la nuit... s'il est équipé d'une caméra spéciale qui capte les rayons infrarouges que dégagent les objets chauds.

Comment les yeux s'habituent-ils à l'obscurité ?

Grâce à de petits capteurs en forme de bâtonnets placés au fond de l'œil, qui sont capables de capter une très faible quantité de lumière.

Comment fonctionne l'appareil photo ?

Un peu comme un œil. L'image, c'est-à-dire les ondes lumineuses que renvoie le sujet, traverse l'objectif pour se former sur la pellicule comme sur la rétine au fond de l'œil. Le diaphragme, comme la pupille, s'agrandit ou se rétrécit de manière à laisser entrer plus ou moins de lumière. L'appareil photo possède, en plus, un obturateur, une sorte de volet qui se ferme pour protéger la pellicule. Si le volet est ouvert trop longtemps, trop de lumière pénètre dans l'appareil et la photo est surexposée, les couleurs sont délavées. Si le volet est trop vite fermé, la photo, sous-exposée, est très sombre.

Pourquoi ne distingue-t-on pas les couleurs dans le noir ?

Parce que les petits capteurs spécialisés dans la reconnaissance des couleurs, les cônes, ont besoin de lumière pour travailler. Ce sont les objets qui la leur renvoient leur permettant de distinguer les couleurs. Dans l'obscurité, les objets ne renvoient plus assez de lumière. C'est pour cela que, la nuit, tous les chats sont gris !

Pourquoi le rouge d'un vêtement n'est-il pas le même à la lumière artificielle qu'à la lumière naturelle ?

Lorsqu'on choisit un vêtement, mieux vaut aller le regarder à la lumière du jour, parce que la lumière artificielle des magasins accentue les bleus, alors que la lumière du Soleil renforce les rouges. Un tee-shirt bordeaux peut devenir rouge sang !

Pourquoi a-t-on une ombre ?

Parce que la lumière émise par le Soleil ou par le feu est absorbée par notre corps. L'ombre qui se dessine est la zone que la lumière n'a pas pu atteindre.

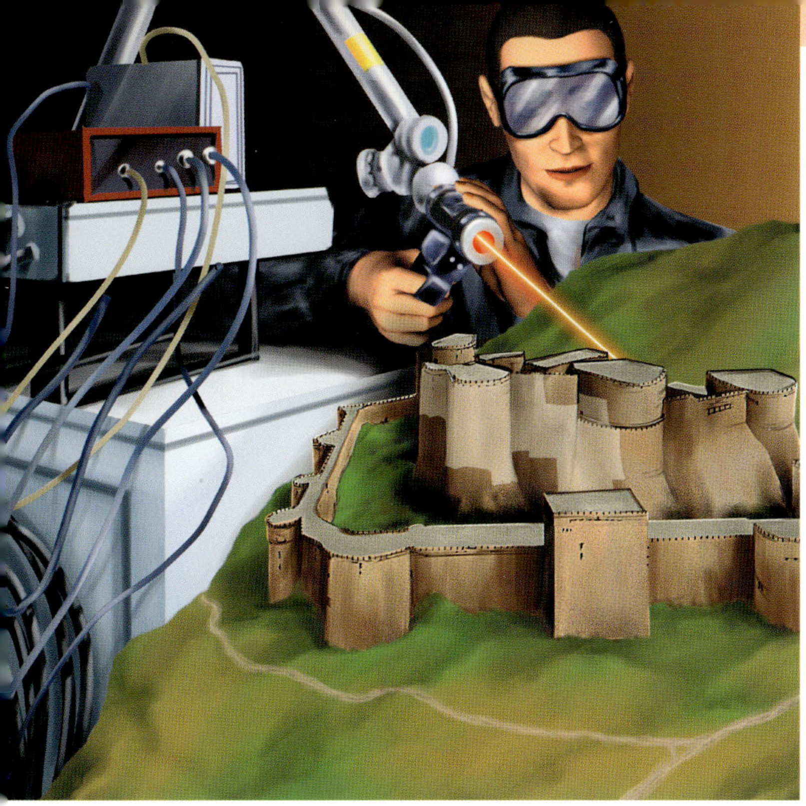

Comment fonctionne le rayon laser ?

Contrairement à la lumière du Soleil, composée de plusieurs couleurs, le laser est un faisceau d'une seule couleur. La concentration de l'onde lumineuse lui donne une grande précision et beaucoup de puissance. Naguère, on imaginait dans les films de science-fiction utiliser le rayon laser comme une arme. Aujourd'hui, on l'emploie en chirurgie, pour découper des métaux ou lire des CD.

Grâce à la puissance du rayon laser et à sa précision, on peut nettoyer minutieusement des maquettes tout encrassées sans les abîmer.

Pourquoi ne faut-il pas regarder le Soleil en face ?

Parce que ses rayons lumineux sont si puissants qu'ils abîment les yeux. Pas question non plus de regarder à travers des lunettes de soleil. Il faut impérativement utiliser des filtres conçus avec des matériaux spéciaux comme le Mylar.

INCROYABLE !

- Les fascinants jeux de lumière des aurores polaires sont dus au vent solaire. Celui-ci bouscule les particules de l'atmosphère, qui renvoient la lumière en couleurs variées.

Le son

Les sons, qu'ils nous agressent ou nous bercent, sont des vibrations.

Le son bouscule une molécule de matière, qui à son tour bouscule sa voisine, et ainsi de suite jusqu'à nos oreilles. Il se déplace en ligne droite en ondulant comme les vagues sur l'océan : on parle d'ondes sonores. Leur intensité se mesure en décibels.

Le son est aigu quand la longueur d'onde est courte. Plus la hauteur qui sépare le creux et le sommet de la vague est importante, plus le son est fort : il a une forte amplitude.

Comment le son se propage-t-il dans le vide ?

Dans le vide, il n'y a rien, c'est donc le silence parce que le son a besoin de bousculer les molécules pour se propager.
En revanche, le son se propage dans l'air, et encore plus vite dans les liquides et les solides.

Pourquoi les Indiens surveillaient-ils l'arrivée des trains en collant leur oreille sur les rails ?

Parce que le son avance plus vite dans une matière solide comme l'acier que dans l'air. Tout cela parce que la matière qui constitue l'acier est plus serrée que celle qui constitue l'air. Dans l'acier, le son n'a qu'une toute petite pichenette à faire pour bousculer une molécule, alors que, dans l'air, il doit faire un énorme bond pour l'atteindre !

Pourquoi dit-on que l'avion traverse le mur du son ?

Parce que, si l'avion vole plus vite que la vitesse du son qu'il crée, il rattrape les ondes sonores qu'il émet. En les dépassant, il crée une onde de choc : ça fait un gros BANG !

Comment faire pour qu'il y ait moins de bruit à la cantine ?

En installant sur les parois des murs et sur les plafonds des matériaux spéciaux qui absorbent les bruits. On pose par-dessus des panneaux

très légers en fibres de bois ou de verre percés d'une multitude de petits trous. Les cris et les rires font vibrer l'air. Mais, faute de surface lisse sur laquelle rebondir en paix, ils sont stoppés par tous ces petits trous.

Le Concorde est le seul avion civil à passer le mur du son.

Pourquoi y a-t-il tant de bruit à la piscine ?

Parce que les cris, les rires, les hurlements rebondissent un peu partout, sur les murs, sur les vitres, sur l'eau. Les sons empruntent des chemins différents à des vitesses différentes : c'est un vrai méli-mélo.

Pourquoi y a-t-il de l'écho quand on crie dans une pièce vide ?

Parce que le cri revient après avoir heurté la surface dure du mur sans avoir rencontré d'obstacles. En effet, le son se réfléchit sur le mur comme la lumière sur le miroir.

INCROYABLE !

- Dans certaines pièces voûtées, deux personnes qui chuchotent peuvent s'entendre même si elles se tiennent chacune à l'opposé de la pièce, à condition de parler... au mur, car c'est la voûte qui propage le son.

Comment les bateaux font-ils pour repérer les sous-marins ?

Ils font comme les dauphins, ils utilisent un sonar. Ils envoient vers le fond un joli bouquet d'ultrasons qui se heurtent à tout ce qui se trouve plus bas, poissons, rochers, sous-marins. Comme un boomerang, les ultrasons remontent vers le bateau, qui les capte et les analyse.

Pourquoi la voix du voisin traverse-t-elle le mur de l'appartement ?

Parce que le mur n'est pas totalement rigide. Avec sa voix, le voisin fait bouger l'air, qui provoque des vibrations dans le mur séparant les deux appartements. En vibrant, le mur fait à son tour bouger l'air situé dans l'appartement voisin : ni vu ni connu, la voix a franchi l'obstacle.

Pourquoi ne perçoit-on pas la musique de la même façon quand on a la tête sous l'eau ?

Parce que l'oreille fonctionne moins bien sous l'eau. Le tympan se déforme à cause de la pression et transmet moins bien les sons.

Pourquoi dit-on qu'un son est pur ?

Parce que c'est toujours la même onde qui ondule toujours de la même façon (la fréquence), contrairement à la plupart des sons, qui ont une onde de base à laquelle s'ajoute une série d'ondes supplémentaires, appelées harmoniques.

Pourquoi fait-on la différence entre la flûte et le piano qui jouent un la ?

Parce que, même s'ils jouent la même note, ils n'ont pas le même timbre ou la même personnalité, en quelque sorte. Le la, c'est l'onde de base commune à tous, mais chaque instrument fait ensuite sa petite cuisine personnelle en y ajoutant d'autres harmoniques. Et voiLA !

Pourquoi une note est-elle plus grave qu'une autre ?

C'est une question de longueur de vibration. Pour les instruments à vent, comme la flûte ou le saxophone, tout dépend de la largeur et de la longueur du tuyau : plus le tuyau est long et large, plus l'air mettra de temps à le parcourir, plus la note sera grave. Pour les instruments à cordes,

Sur un porte-avions, le bruit au décollage est si intense que les hommes qui dirigent les manœuvres, les « chiens jaunes » portent des protège-oreilles.

comme le piano, la guitare ou le violon, c'est le même principe : plus la corde est longue et détendue, plus le son est grave. Mais, cela peut aussi dépendre de la grosseur de la corde.

pourquoi la voix donne-t-elle des sons ?

Parce qu'elle fonctionne comme un instrument de musique. Le larynx est comme un tuyau situé au fond de la gorge, au travers duquel sont tendus deux rideaux de muscles. Ce sont les cordes vocales. En parlant, on rejette de l'air, qui fait vibrer les cordes vocales, qui résonnent dans le tuyau. Plus le tuyau est large et les cordes vocales sont longues, plus la voix est grave.

pourquoi les sons peuvent-ils être dangereux ?

S'ils sont trop violents, ils peuvent abîmer l'oreille et rendre sourd. Déjà, quand un pétard explose à côté de soi, on a les oreilles qui bourdonnent. Des bruits moins violents mais répétitifs peuvent aussi être nocifs. Ainsi, les personnes qui travaillent avec des marteaux piqueurs ou sur les pistes d'aéroport portent des casques.

INCROYABLE !

- Le chant d'un oiseau mesure environ 40 décibels et le bruit d'une fusée au décollage s'élève à 185. Au-delà de 190 décibels, il y a une telle pression sur le tympan que cela peut entraîner la mort.

Force et équilibre

- *La Terre nous attire, l'eau nous porte, l'air nous caresse, nous pousse et nous retient... De nombreuses forces agissent sur notre équilibre et nos mouvements.*

- *Sans une force pour les pousser, les objets ne bougent pas : c'est l'inertie. Si l'objet est en mouvement et qu'aucune force ne l'arrête, il continue dans la même direction et à la même vitesse : c'est l'énergie cinétique. Parfois, l'objet est immobile, mais l'énergie est là, prête à l'emploi, comme dans l'arc tendu : c'est l'énergie potentielle.*

pourquoi ne sent-on pas la Terre tourner sous nos pieds ?

Parce que la Terre est énorme et que nous sommes en quelque sorte ses tout petits passagers. C'est un véhicule très confortable, qui tourne avec régularité. Lorsque l'on est dans un train, on ne sent pas que l'on avance. C'est en regardant le paysage que l'on mesure le chemin que l'on parcourt. Il en est de même pour la Terre. Quand on observe bien le ciel, on voit les étoiles qui défilent lentement.

pourquoi est-on rejeté en arrière quand la voiture démarre brutalement ?

Parce que le corps, surpris, conserve sa vitesse initiale, qui est celle de la Terre. Il faut un certain temps pour que le corps accorde sa vitesse avec celle de la voiture. C'est la même chose quand la voiture freine brutalement. Le corps du passager ne rectifie pas sa vitesse immédiatement et il est projeté vers l'avant.

pourquoi un camion met-il plus de temps à s'arrêter qu'une voiture ?

Parce qu'il est plus lourd. Il a donc tendance à conserver sa vitesse plus longtemps. On parle d'inertie.

pourquoi un astronaute ne pèse-t-il pas toujours le même poids ?

Parce que son poids change même s'il conserve sa masse, c'est-à-dire que son corps contient la même quantité de matière. Le poids

varie en fonction de la force d'attraction des planètes. Comme toutes les planètes n'ont pas la même force, l'astronaute se sent plus ou moins lourd. C'est pourquoi un astronaute vêtu de sa combinaison spatiale pèse 180 kg sur la Terre et seulement 30 kg sur la Lune !

On étudie les frottements de l'air sur une carrosserie en soufflerie pour créer la forme la plus aérodynamique possible.

Pourquoi les Australiens ne tombent-ils pas dans l'espace ?

Même s'ils ont la tête en bas par rapport à nous, les Australiens ont les pieds solidement accrochés à la Terre. Cela est dû à la pesanteur, cette force qui nous attire vers le centre de la Terre.

Comment le sous-marin peut-il plonger puis remonter à la surface ?

En remplissant puis en vidant les ballasts, qui sont deux grosses poches placées d'un côté et de l'autre de sa coque. Pour plonger, on ouvre les poches, qui se remplissent progressivement d'eau. Plus le sous-marin s'alourdit, plus il s'enfonce dans l'eau. Pour remonter à la surface, on chasse l'eau des ballasts avec de l'air comprimé. Le sous-marin s'allège et remonte à la surface.

INCROYABLE !

- Un litre d'air pèse un gramme. Si on dessine sur le sol un carré d'un mètre sur un mètre, l'air qui se trouve au-dessus pèse 10 000 kg ! Cela fait un sacré poids sur nos petites épaules.

Énergies transformées

Les premiers hommes n'avaient que leurs jambes pour se déplacer, leurs muscles pour tirer, porter, soulever...

Pour se soulager, ils se sont fait aider par les animaux. Très vite, ils ont cherché à se simplifier la tâche en créant des machines capables d'augmenter leurs forces tout en réduisant leurs efforts. Ils ont inventé la roue, la vis, le plan incliné... puis le moulin, la brouette, le bateau, la voiture. Comme ils rêvaient toujours d'aller plus loin, plus vite, plus haut, ils ont inventé le ballon, l'avion et la fusée.

Comment les Égyptiens ont-ils construit les pyramides ?

Ils devaient déplacer d'énormes quantités de terre, qu'ils déposaient au pied des pyramides pour former une rampe inclinée. Les énormes blocs de pierre étaient placés sur des traîneaux et tractés au sommet de la rampe, soigneusement arrosée pour faciliter le mouvement. La rampe s'élevait autour de la pyramide au fur et à mesure que les travaux avançaient. Une fois la pyramide achevée, la rampe était détruite.

Pourquoi un grand ne peut-il pas jouer au « tape-cul » avec un petit ?

Il le peut s'il ne s'assied pas au bout de la poutre. Si le grand et le petit sont assis à égale distance de l'axe, le grand reste collé au sol parce qu'il est plus lourd et que le petit n'a pas la force suffisante pour le soulever. Mais si le grand se rapproche de l'axe, les forces sont rééquilibrées. Le levier fonctionne.

Comment volent les planeurs ?

Comme les mouettes ou les albatros, ils utilisent les mouvements du vent. Leurs ailes ont une forme tout spécialement étudiée pour que l'air circule plus vite au-dessus qu'au-dessous. La différence de vitesse crée une pression de l'air plus importante sous les ailes et qui porte le planeur. Sans vent, les planeurs ne volent pas. Pas plus que les albatros, d'ailleurs !

Les champs d'éoliennes sont implantés dans des lieux quasi désertiques où le vent est fort et régulier.

Comment la montgolfière fait-elle pour s'envoler ?

On la gonfle avec de l'hydrogène, un gaz plus léger que l'air. Le ballon décolle alors en entraînant la nacelle avec lui. Au temps des premiers ballons, c'était de l'air chaud que l'on utilisait. On entretenait le feu avec des bottes de pailles !

Comment avance la locomotive à vapeur ?

En chauffant, l'eau qui est dans la chaudière se dilate en se transformant en vapeur.

Cette vapeur concentrée est enfermée dans un cylindre et mise au travail. Transformée en énergie, elle actionne un piston qui entraîne les roues de la locomotive.

Comment capture-t-on l'énergie du vent avec des éoliennes ?

Au sommet d'un pied de plusieurs dizaines de mètres, une vaste hélice entraînée par le vent tourne et actionne un générateur qui produit de l'électricité. C'est une énergie propre mais bruyante. C'est un problème quand il y a un champ entier d'éoliennes !

INCROYABLE !

- Il existe une voiture qui carbure à l'air comprimé ! Pas besoin d'essence. Quand le gaz sort des bouteilles, où il est contenu sous pression, il se détend et met la mécanique en branle.

Comment chauffe-t-on certaines maisons grâce au Soleil ?

Au moyen de panneaux solaires qui capturent les rayons du Soleil et les transforment en électricité. Celle-ci est ensuite stockée dans des batteries. L'énergie solaire alimente également les stations spatiales et les satellites.

Pourquoi certains bateaux de course ont-ils deux coques ?

Parce que deux coques vont plus vite qu'une seule. Plus le vent est fort, plus la voile se gonfle et plus le bateau penche : on dit qu'il gîte. Quand le bateau a deux coques, l'une d'elles se soulève et cesse de frotter sur l'eau. Comme le bateau est moins freiné, il accélère. En équilibre sur une coque, certains catamarans dépassent 70 km/h.

Comment la roue du moulin à eau peut-elle tourner ?

Grâce à la force du courant, qui entraîne ses grandes pales. Dès le Moyen Âge, on a su profiter de la force de l'eau pour actionner la meule du meunier ou le soufflet du forgeron.

Pourquoi les voiliers ne peuvent-ils pas aller face au vent ?

Parce que le vent souffle de toutes ses forces contre le bateau. On appelle cette allure vent debout. Pour pouvoir se diriger vers le vent – on dit remonter le vent – le bateau est obligé de faire des zigzags. Le vent qui souffle de travers dans les voiles le propulse alors en avant.

Pourquoi faut-il changer les vitesses du vélo quand on monte une côte ?

Pour moins souffrir, pardi ! En changeant de vitesse, on modifie la distance parcourue par la roue en un tour de pédalier. Grâce au dérailleur, on place la chaîne sur un plus grand pignon, roue dentée du vélo. On démultiplie ainsi l'effort : le vélo avance moins vite, mais on grimpe plus facilement la côte.

Comment gonfle-t-on le pneu du vélo ?

La pompe à vélo aspire l'air extérieur, qui vient remplir son petit réservoir. Quand on pousse sur l'extrémité de la pompe, l'air s'échauffe et se comprime. Il passe le long d'un petit tuyau pour aboutir dans la chambre à air du pneu. En mettant la main sur une chambre à air percée, on sent un air très froid : c'est l'air comprimé qui se détend.

Cette maison est couverte d'un toit en panneaux solaires, qui captent les rayons du Soleil et les convertissent en chaleur.

Comment les astronautes font-ils pour se déplacer dans le vide spatial ?

Ils utilisent un fauteuil à réaction ! Eh oui ! Comme le moteur de la fusée ! Assis sur leur siège, ils actionnent des manettes et des boutons placés sur les accoudoirs qui commandent l'éjection de gaz des 24 petits moteurs-fusées à gaz comprimé. C'est la direction vers laquelle sont orientés les jets de gaz qui détermine le mouvement du fauteuil.

Pourquoi les voitures ont-elles besoin d'essence pour avancer ?

Parce que le moteur est gourmand. Sans carburant, la mécanique est à plat. Quand on tourne la clef pour allumer le moteur, il se produit une étincelle qui enflamme l'essence mélangée à l'air. Ça fait boum ! En explosant, le mélange produit de la chaleur, l'air se dilate, pousse le piston et entraîne les roues de la voiture.

INCROYABLE !

- Le Swissmétro pourrait relier les principales villes suisses à plus de 500 km/h. Pour que rien ne freine sa vitesse, les tunnels seraient en partie vidés de leur air.

Les mathématiques

- *Les premiers hommes ont eu besoin de savoir combien d'animaux ils possédaient, quelle quantité de nourriture il leur restait. Ils ont utilisé leurs doigts pour compter, leurs mains, leurs bras, leurs pieds pour mesurer.*

- *Le mot « calcul » vient du latin « calculus » qui signifie « caillou », Pour effectuer leurs calculs, les hommes posaient des cailloux sur des lignes gravées sur des tables. Ils faisaient les additions ou les soustractions en déplaçant les cailloux.*

Comment faire la différence entre les nombres et les chiffres ?

Les chiffres sont un peu comme les lettres de l'alphabet, que l'on associe pour écrire un mot. De la même manière, on combine les chiffres pour former un nombre. Par exemple, pour le nombre 4 579, on écrit le chiffre 4, le 5, le 7, le 9.

Comment distingue-t-on un nombre pair d'un nombre impair ?

Un nombre pair est un multiple de 2, comme 2, 4, 6, 8, 10. C'est-à-dire qu'il peut être divisé par 2. Les nombres impairs sont ceux qui ne sont pas des multiples de 2, comme 1, 3, 5, 7, 9, 11.

Pourquoi parle-t-on d'unités, de dizaines, de centaines... ?

Parce qu'il est plus facile de dire « 20 chevaux » que de dire « un cheval et un cheval et un cheval... » comme ça jusqu'à 20. Cette classification s'est faite très tôt. Les hommes ont

commencé par compter sur leurs 10 doigts. Le comptage sur la base de 10 s'est rapidement répandu et a facilité l'emploi de grands nombres. Les Égyptiens représentaient les nombres 1, 10, 100, 1 000 et ainsi de suite jusqu'à 1 000 000 avec des hiéroglyphes différents. En Inde, on a inventé un mode d'écriture plus pratique, que l'on utilise encore aujourd'hui. Le chiffre change de valeur suivant

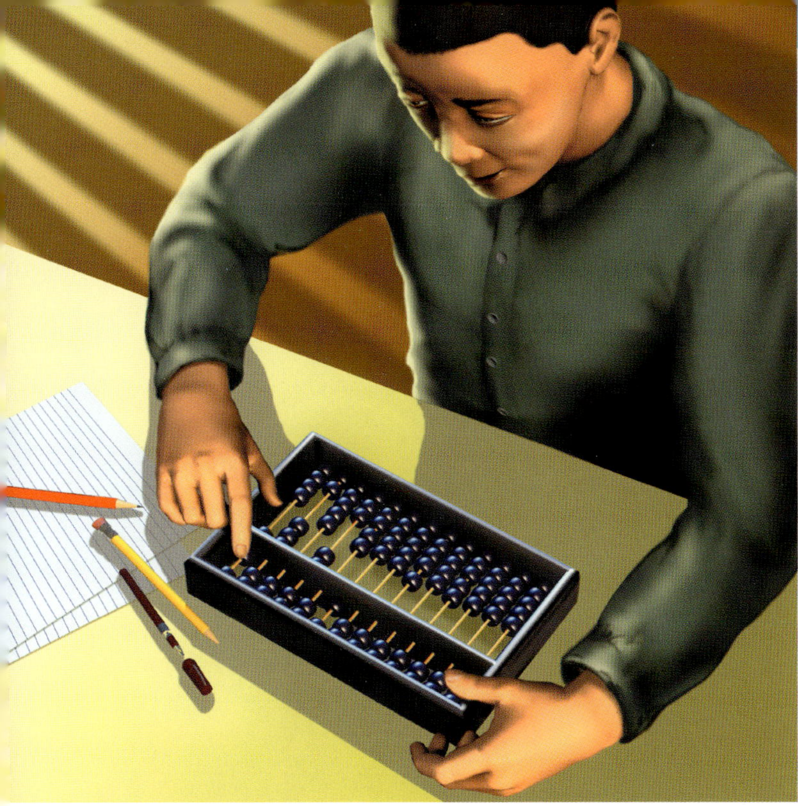

Le boulier chinois, inventé au IXe siècle, est toujours en usage en Chine et même au Japon. Sept boules sont enfilées sur chacune des treize tiges : deux boules dans le cadre supérieur et cinq dans le cadre inférieur. Les boules ont des valeurs successives de gauche à droite lorsqu'elles sont bougées vers la barre qui sépare les deux cadres.

le rang qu'il occupe dans le nombre. En partant de droite à gauche, la place du chiffre indique les unités, les dizaines, les centaines, les milliers...

Pourquoi le zéro existe-t-il ?

Parce que, grâce à lui, on peut concevoir de tout petits nombres comme 0,003 et de très grands comme 780 000 000. On utilise le zéro pour indiquer une absence de quantité dans le rang où il figure. Un sac de 203 billes contient 2 lots de 100, aucun lot de 10 et 3 billes seules.

Comment c'est, l'infini ?

Difficile à imaginer. Même en ne s'arrêtant jamais de compter, on n'y arrivera pas ! Parce que l'on peut imaginer le plus grand nombre, il sera toujours plus petit que l'infini... aussi gigantesque soit-il.

INCROYABLE !

- Un des premiers ordinateurs mesurait 30 m de long, 1 m de large et 3 m de haut !

La Terre

- *Longtemps, les hommes ont cru que la Terre était plate. Certains la voyaient comme un disque entouré d'un océan, d'autres comme un cylindre à l'extrémité duquel vivaient les hommes.*

- *C'est en observant les navires qui disparaissaient à l'horizon que les Grecs ont pensé que la Terre était ronde. Avec ses 4,5 milliards d'années, la Terre est toute jeune par rapport à l'Univers. Depuis sa formation, sa surface n'en finit pas de se remodeler sous l'effet de l'activité géologique et de l'érosion.*

Comment est constituée la Terre ?

La Terre est une gigantesque boule composée de couches superposées. À 6 400 km au-dessous de nos pieds, il y a un noyau très chaud et très dense, constitué de nickel et de fer à l'état solide. Ce noyau central est enveloppé d'une couche fluide, appelée noyau externe. Au-dessus, on trouve les couches rocheuses de la Terre : tout d'abord, le manteau, d'environ 2900 km d'épaisseur ; puis la croûte, qui forme une coque rigide de 10 km d'épaisseur sous les océans et jusqu'à 70 km sous les continents.

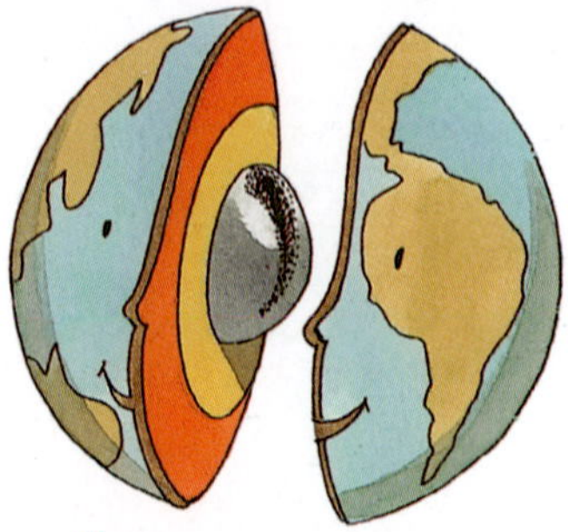

Pourquoi les continents dérivent-ils ?

C'est parce que la coque, appelée lithosphère, est divisée en plaques, un peu comme un puzzle.

Entraînées par le mouvement du manteau, les plaques se déplacent à leur tour. Certaines se chevauchent, d'autres s'écartent ou se plient. Les continents s'éloignent ou se rapprochent les uns des autres au gré de ces mouvements. Mais pas de panique ! Les continents ne jouent pas aux autos tamponneuses : il a fallu environ 200 millions d'années pour que l'Atlantique s'ouvre sur 6 000 km.

Comment étaient les continents avant ?

Les continents n'ont pas toujours été séparés. On pense qu'ils ont dû se réunir et se diviser plusieurs fois. Il y a environ 225 millions d'années, il n'y avait pas

Coupe de la Terre
1 - noyau interne
2 - noyau externe
3 - manteau inférieur
4 - manteau supérieur
5 - croûte terrestre

les six continents que l'on connaît aujourd'hui, mais un seul appelé la Pangée. On pouvait donc marcher sans traverser un océan de l'Amérique à l'Afrique, en passant par l'Europe, l'Asie, l'Océanie et l'Antarctique.

Comment a-t-on fait pour mesurer la Terre ?

Ératosthène, vers 250 av. J.-C., a mesuré la circonférence de la Terre. Il n'en a pas fait le tour pour autant ! Il a entendu des voyageurs raconter que, le 21 juin à midi, dans la ville de Syène en Egypte, on pouvait voir le Soleil se refléter au fond d'un puits, c'est-à-dire que l'astre était exactement dans l'axe du puits. À la même date et à la même heure, Ératosthène a donc mesuré l'ombre d'un obélisque de sa ville, Alexandrie. Par un savant calcul, il a déduit que la circonférence de la Terre était de 45 000 km. Il avait presque vu juste puisqu'en réalité il s'agit de 40 000 km.

INCROYABLE !

- Aujourd'hui, l'Amérique du Sud et l'Afrique s'éloignent d'environ 3,5 cm par an.

Pourquoi appelle-t-on la Terre la planète bleue ?

Vue du ciel, la Terre ressemble à une boule bleue parce que les océans recouvrent 70 % de sa surface.

Comment sont nées les montagnes actuelles ?

Les montagnes sont nées il y a des millions d'années à la suite de collisions entre les plaques qui ont entraîné le soulèvement de la croûte terrestre.

Comment sait-on si une montagne est vieille ou bien jeune ?

Comme nous, les montagnes se tassent en vieillissant : elles s'usent sous l'effet du vent, de la pluie et du gel. Les plus vieilles, dont la formation remonte à plus de 300 millions d'années, ont des formes arrondies. C'est le cas du Massif central en France, des Appalaches aux États-Unis, de l'Oural en Russie. Les plus jeunes, formées il y a 65 millions d'années, se tiennent encore toutes droites et présentent des sommets aigus. C'est le cas des Alpes, des Andes, de l'Himalaya.

Pourquoi les glaciers avancent-ils ?

Parce qu'ils sont si lourds qu'ils glissent. On trouve des glaciers près des pôles, dans le Groenland ou l'Antarctique. L'inlandsis, en Antarctique, couvre 14 millions de kilomètres carrés. La glace descend progressivement vers la mer et se fissure au contact de l'eau : de gros blocs de glace se détachent, les icebergs. Chaque année, les glaciers du Groenland libèrent environ 40 000 icebergs. On trouve aussi des glaciers en haute montagne, là où la neige s'accumule en couches successives et se transforme en glace. Entraîné par sa masse, le glacier se met en route et glisse le long de la montagne.

Comment naissent les vallées ?

Les vallées sont des terrains creusés par les glaciers ou les cours d'eau. En descendant le long des pentes des montagnes, la glace rabote lentement la roche et forme des vallées en U. Comme la glace, l'eau des rivières use lentement la surface de la terre en donnant naissance à des vallées moins profondes.

Comment naissent les rivières et les fleuves ?

Au départ, il y a l'eau issue de la fonte des glaciers ou les gouttes de pluie qui s'infiltrent dans le sol jusqu'à

Le relief des montagnes est très accidenté. Les plis de la roche, les ravins, les pics sont le signe du mouvement des plaques de la croûte terrestre.

atteindre des couches de terrain imperméable. Là, elles forment des nappes souterraines qui grossissent et finissent par affleurer à la surface du sol sous forme d'une source, l'eau jaillit. Elle s'écoule et devient ruisseau ou torrent si la pente est raide. Plusieurs rivières s'assemblent pour donner un fleuve.

Comment distingue-t-on les plaines des plateaux ?

Les plaines et les plateaux sont des régions plates. On les reconnaît en partie à leur altitude. Les plaines sont des régions basses creusées de vallées peu profondes. Les plateaux sont situés parfois à très haute altitude et sont creusés de vallées très profondes.

INCROYABLE !

- Le glacier de Kangerdlugssuaq au Groeland serait le plus rapide du monde. Il parcourt 38 m chaque jour, soit 14 km par an !

pourquoi y a-t-il des saisons sur Terre ?

La Terre tourne autour du Soleil en une année selon un axe incliné. C'est pourquoi il y a des saisons. Quand l'hémisphère Nord est incliné vers le Soleil, c'est l'été pour ses habitants : les jours sont longs et chauds. Au même moment, c'est l'hiver du côté de l'hémisphère Sud, car il est alors le plus éloigné du Soleil. Et inversement six mois plus tard. À l'équateur, c'est-à-dire entre les deux hémisphères, les écarts entre les mois les plus chauds et les mois les plus froids sont très réduits, car la distance par rapport au Soleil reste toujours à peu près la même.

pourquoi y a-t-il des pays chauds et des pays froids ?

Parce que, la Terre étant ronde, toutes les régions du globe ne sont pas exposées de la même manière aux rayons du Soleil. Les régions situées à l'équateur reçoivent directement et de façon très concentrée les rayons du Soleil. Il y fait donc très chaud. À l'inverse, aux pôles, les rayons frappent la Terre à l'oblique et s'étalent sur de plus vastes territoires. Il fait très froid. À cela s'ajoute la distance plus ou moins grande que parcourent les rayons à travers l'atmosphère terrestre. Plus la distance est longue, plus la chaleur est absorbée par l'atmosphère.

pourquoi n'y a-t-il pas le même climat à Montréal qu'à Paris ?

Les grands types de climat sont déterminés par la latitude. Montréal et Paris sont situés sur la même ligne imaginaire tracée parallèlement à l'équateur. On pourrait donc penser que les deux villes ont le même climat. Mais c'est oublier d'autres facteurs qui entrent en jeu, comme la situation par rapport aux océans, aux montagnes, aux déserts, aux vents. Paris profite de l'influence du Gulf Stream, un courant océanique qui transporte l'air humide et modère les températures en apportant la pluie. Du côté de Montréal, c'est l'air polaire qui arrive en hiver. Il fait très froid.

pourquoi fait-il froid la nuit dans le désert ?

Parce qu'il n'y a pas de nuages et que ce sont eux qui servent de couvercle pour retenir la chaleur accumulée pendant la journée. Alors que, le jour, les températures peuvent dépasser les 52 °C, la nuit, il peut geler. Dans ces régions désertiques, il n'y a pas de vents humides pour adoucir le climat. Les roches, elles, éclatent en morceaux et en grains de sable du fait des grands écarts de température.

Dans le désert, le taux d'humidité est très bas. Les nuits y sont très fraîches, voire froides.

Le vent sec balaie le sable, qui s'amasse pour former de grandes dunes.

pourquoi peut-on vivre sur Terre ?

C'est grâce à l'atmosphère, composée d'oxygène et d'azote, et qui forme une sorte de bulle d'air tout autour de la Terre. Non seulement cette bulle nous permet de respirer, mais elle nous protège contre les rayons agressifs émis par le Soleil. Par réaction chimique, l'oxygène et la lumière du Soleil donnent de l'ozone. Cette fameuse couche d'ozone est un véritable bouclier qui nous empêche d'être grillés vifs par les rayons ultraviolets.

pourquoi a-t-on du mal à respirer en haut des montagnes ?

C'est parce que, plus on s'élève, plus il fait froid et surtout plus l'oxygène devient rare. Dès qu'on arrive à 4 000 ou 5 000 m d'altitude, il faut utiliser un masque à oxygène.

INCROYABLE !

- Les cristaux de glace d'origine neigeuse sont des mines d'information. En étudiant l'air qu'ils contiennent, on découvre la composition de l'atmosphère lors de la formation de la glace.

Mers et océans

- *L'eau recouvre 70 % de la planète, soit 361 millions de kilomètres carrés. Les océans ont dû se former il y a 4 milliards d'années. Les scientifiques pensent que l'eau pourrait provenir en partie de la vapeur échappée du cœur de la toute jeune planète Terre.*

À cette vapeur se serait ajoutée la glace laissée par les comètes qui seraient tombées sur la planète.

- *Les océans communiquent entre eux et ne forment en réalité qu'une très vaste étendue d'eau.*

Comment fait-on la différence entre les mers et les océans ?

À l'inverse des mers, les océans sont très vastes et profonds. D'autre part, tous les océans communiquent entre eux, tandis que les mers peuvent être fermées, comme la mer Caspienne, à cheval entre la Russie et l'Iran. Certaines sont reliées entre elles : la mer Baltique et la mer Noire. D'autres, comme la mer Méditerranée, s'ouvrent sur l'océan par un étroit goulot, nommé détroit.

Pourquoi l'eau de mer est-elle salée ?

Incroyable ! Le sel que contient la mer provient en partie de l'eau des fleuves, eux-mêmes nés des eaux de ruissellement. Cette eau, pourtant douce, transporte continuellement des sels minéraux provenant de l'érosion des continents et contribue ainsi à saler l'eau de mer. Cependant, l'eau de mer est plus ou moins salée selon que l'on se trouve dans une région chaude ou froide : plus il fait chaud, plus l'eau s'évapore, plus la quantité de sel dans la mer est élevée. Au Proche-Orient, la mer Morte est la plus salée du monde avec environ 300 g de sel par litre d'eau, contre 35 g en moyenne.

Pourquoi la mer est-elle bleue ?

L'eau est transparente. Pourtant, elle paraît souvent bleue. Comme le ciel, elle doit sa couleur à la lumière solaire. En frappant l'eau, les rayons sont plus ou moins vite absorbés selon leur couleur.

Les forts vents du large poussent jusqu'aux côtes de hautes vagues qui se brisent sur les rochers dans un fracas assourdissant.

Le rouge, le jaune, l'orange le sont plus rapidement que le bleu. La couleur et la profondeur du fond nuancent ce bleu.

Comment naissent les vagues ?

Les vagues sont les filles du vent. Elles naissent au large sous l'effet du vent, puis se propagent à la surface de l'eau en donnant naissance à la houle. Les vagues ne déplacent pas l'eau, elles se contentent de la faire onduler. Ainsi, une mouette sur une vague monte et descend, mais n'avance pas. Sans obstacle pour les arrêter, les vagues se rapprochent des côtes en une ondulation régulière. Quand celle-ci se heurte au fond près du rivage, les vagues forment alors des crêtes qui retombent en écume, on dit qu'elles se brisent.

Comment forment-elles des rouleaux sur la plage ?

Quand l'ondulation des vagues a une forte amplitude, c'est-à-dire qu'elle montent et descendent très haut, et que la côte sur laquelle elles arrivent présente un fond à pente raide, les vagues se brisent en gros rouleaux. Certains peuvent atteindre plus de 10 m de haut. Ils font la joie des surfeurs.

INCROYABLE !

- L'océan qui bat les records de profondeur est l'océan Pacifique : le point le plus profond est à 11 034 m, dans la fosse des Mariannes.

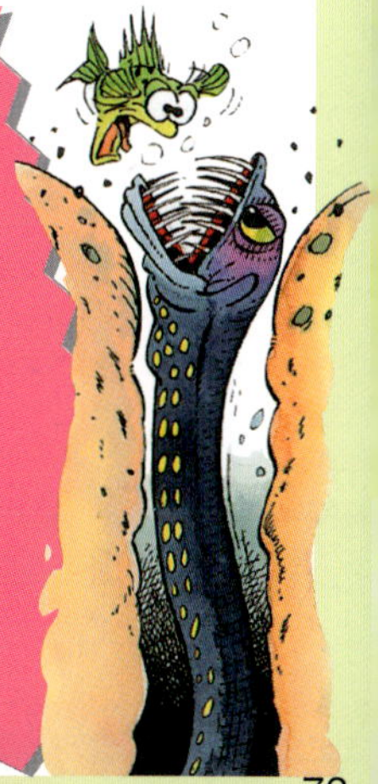

Pourquoi y a-t-il des marées ?

C'est le Soleil et surtout la Lune, plus proche de la Terre, qui sont responsables des marées. Les deux astres attirent les eaux de la Terre en provoquant un renflement : c'est marée haute. Quand ils s'éloignent la marée descend. Lorsque les deux astres sont situés dans le même axe, l'attraction est très forte : ce sont les grandes marées, dites de vive-eau. Lorsque chacun d'eux tire sur un axe opposé, les marées, plus faibles, sont dites de morte-eau.

Pourquoi la mer n'est-elle pas toujours haute à la même heure ?

En effet, les heures des marées se décalent chaque jour. Ce décalage s'explique par le retard que prend quotidiennement la Lune pour revenir à la même place dans le ciel : tournant autour de la Terre en 24 h 50 min, alors que la Terre tourne sur elle-même en 24 h, elle affiche un retard journalier de 50 min !

Pourquoi les marées sont-elles plus faibles en Méditerranée ?

Parce que la mer Méditerranée est petite et presque fermée. Or, plus la masse d'eau est importante, plus la marée est importante.

Comment se forment les courants ?

Ce sont les mouvements des eaux entre marée haute et marée basse qui les font naître. Lors des grandes marées, la vitesse du courant est plus forte. Attention au drapeau rouge ! Il existe aussi de grands courants qui ressemblent à des fleuves circulant dans les océans. Ils naissent sous l'action du vent ou de la densité de l'eau. Plus dense, l'eau plus froide ou plus salée descend vers le fond, alors que l'eau plus chaude ou plus douce remonte. Ces grands courants océaniques brassent l'eau et emportent avec eux la chaleur des régions tropicales ou équatoriales vers les régions polaires, comme le Gulf Stream, et le froid des régions glaciales vers les régions chaudes.

Pourquoi certains océans sont-ils glacés ?

L'eau douce gèle à 0 °C, mais, du fait du sel qu'elle contient, l'eau de mer ne gèle que lorsque les températures descendent au moins au-dessous de -1,8 °C. Les régions polaires sont si froides que l'eau peut y geler sur plusieurs dizaines de mètres d'épaisseur, formant ce qu'on appelle la banquise. Mais attention de ne pas confondre l'océan de glace qu'est l'Arctique avec le continent glacé que forme l'Antarctique !

Les icebergs sont de gigantesques pans de glace détachés des glaciers des pôles.

Comment le sable arrive-t-il sur la plage ?

C'est l'eau qui le transporte : l'eau des fleuves, mais aussi l'eau de mer. En débouchant sur la mer, le fleuve dépose le long de la côte le sable, les graviers et la boue dont il s'est chargé. Lorsqu'elles abordent les côtes plates, les vagues perdent de leur violence et abandonnent les débris de sable ou de roches qu'elles ont arrachés auparavant à une falaise. Sous l'action du courant, le sable s'accumule le long des côtes.

Pourquoi y a-t-il des plages de galets ?

Parce que les vagues, en creusant les falaises, détachent d'énormes morceaux de roches. Elles les roulent ensuite les uns contre les autres, les usent et les polissent jusqu'à les transformer en galets.

Pourquoi certaines plages sont-elles noires ?

Dans les îles volcaniques, le sable des plages est noir, car il est constitué de la cendre des volcans ou d'une roche volcanique de couleur très sombre : le basalte.

INCROYABLE !

En mars 2002, le satellite Envisat, a observé l'effondrement d'un iceberg de 3 250 km² dans l'Antarctique.

Les volcans

- *Les volcans reflètent l'activité qui a lieu sous la surface de la Terre. La croûte terrestre flotte sur le manteau, constitué de roches en fusion : le magma. Quand la pression augmente à l'intérieur de celui-ci, le magma profite d'un point faible de la croûte pour se frayer un chemin jusqu'à la surface : c'est l'éruption.*

- *Les volcans sont souvent regroupés en longues chaînes autour du globe. Certains sont éteints, d'autres en sommeil ou bien actifs.*

Comment les volcans ont-ils favorisé l'apparition de la vie sur Terre ?

En libérant des gaz enfermés au cœur de la Terre, ils ont donné naissance à l'atmosphère, sans laquelle nous ne pourrions pas vivre. Ces gaz, mêlés à de la vapeur d'eau, se sont peu à peu modifiés, aidés par les premiers organismes vivants, qui les ont transformés en notre précieux oxygène.

Comment les volcans se réveillent-ils ?

Lorsque le volcan est en sommeil, sa cheminée est souvent bouchée par de la lave refroidie. Dans le conduit, le magma s'accumule, la pression monte. Cela fait l'effet d'une bouteille de champagne que l'on secoue.

Soudain, le bouchon saute sous la pression, libérant d'un coup des bombes et des blocs parfois de la taille d'un camion.

Comment surveille-t-on les volcans ?

Il y a des observatoires qui se consacrent à la surveillance permanente des volcans. Le premier a été créé sur

Du cratère s'échappent de la lave plus ou moins fluide, des poussières et des gaz. Parfois, des projectiles sont violemment éjectés.

le Vésuve, en Italie, en 1841. On y enregistre les petits tremblements de terre, les changements de température, et la composition des fumerolles est prise en compte. Les satellites sont également mis à contribution pour cette surveillance.

Comment peut-on éteindre la lave ?

Sachant que la température de la lave avoisine les 1 000 °C, il n'est évidemment pas facile d'en venir à bout. À cela s'ajoute la vitesse des coulées, qui peut atteindre près de 50 km/h. Mais l'eau et le feu ne font pas bon ménage et, en 1973, les pompiers d'Islande ont réussi à arrêter une coulée de lave qui s'échappait des flancs du volcan Helgafell. Des milliers de litres d'eau de mer ont été nécessaires. On peut essayer de détourner la lave en édifiant des barrages de terre et de pierres.

INCROYABLE !

- En 1943, des paysans mexicains ont assisté à la naissance d'un volcan. Des grondements et de la cendre sortaient d'un trou dans un champ. Au bout d'une semaine, le volcan mesurait 106 m.

Tremblements de terre

En coulissant l'une contre l'autre, deux plaques de la croûte terrestre créent une très forte tension. Soudain, la roche cède. Le point de rupture dans le sol est le foyer, d'où la secousse se propage en cercles jusqu'à la surface. L'endroit où la secousse est la plus violente est l'épicentre. Certaines régions sont plus à risque que d'autres, principalement celles qui longent les frontières des plaques de la croûte terrestre.
Les tremblements de terre sont aussi appelés séismes, mot apparenté au verbe grec signifiant « secouer ».

Comment mesure-t-on la force d'un tremblement de terre ?

Il existe deux échelles de mesure. La première, conçue en 1935, est l'échelle de Richter. Elle permet de mesurer à l'aide d'un sismographe l'énergie libérée par les ondes qui se propagent dans le sol. L'échelle se divise en 10 degrés. Les séismes les plus violents atteignent une magnitude de 9. L'échelle de Mercalli mesure la force du séisme et comprend 12 degrés. Elle permet de classer les séismes selon les effets qu'ils produisent. À partir de 4, on entend la vaisselle s'entrechoquer dans les placards.
Au-delà de 8, les plus gros immeubles s'effondrent.

Comment les habitations peuvent-elles résister aux séismes ?

Dans les zones à haut risque, de nombreux bâtiments sont construits selon des normes dites antisismiques : des amortisseurs sont placés dans les fondations pour absorber les vibrations et en atténuer les effets.
La structure des immeubles peut être renforcée d'acier afin que les bâtiments tanguent sans s'effondrer.

Comment cela se passe-t-il quand le séisme a lieu au fond de la mer ?

La secousse ébranle le fond de la mer et met l'eau en mouvement. Une vague se forme à la surface, puis une seconde. Le danger vient

Lors d'un tremblement de terre, la chute de gravats, la rupture de conduites de gaz et les courts-circuits électriques provoquent accidents et incendies, et font beaucoup de victimes.

de la vitesse, des vagues qui peut atteindre plus de 800 km/h. En approchant de la côte, la vague est freinée par le sol marin, moins profond. En ralentissant sa course, elle se gonfle jusqu'à former un véritable mur d'eau, parfois haut de 50 m. Ces vagues géantes sont appelées des tsunamis ou raz de marée.

Comment peut-on prévoir un séisme ?

Il est difficile de prévoir un séisme, mais les scientifiques surveillent en permanence les zones à risque. Ils cherchent à détecter les mouvements du terrain à l'aide d'un inclinomètre, c'est-à-dire un appareil mesurant les plus petits changements de dénivellation du terrain. Pour surveiller les mouvements latéraux, ils utilisent des rayons laser. Un rayon est envoyé vers un réflecteur qui le renvoie à son tour. Si la vitesse change, c'est que la distance a changé : il y a eu un mouvement de terrain.

INCROYABLE !

- Dans le zoo de San Francisco aux États-Unis, on surveille le comportement des animaux. Grâce à leurs sens très développés, ils détecteraient à l'avance les changements de l'activité souterraine.

La météorologie

- *La première couche de l'atmosphère terrestre s'appelle la troposphère. Elle s'élève sur 10 ou 20 km au-dessus de la surface de la planète. C'est là que se décide le temps. Le Soleil joue les chefs d'orchestre. Il est responsable des températures, des mouvements de l'air et de l'évaporation de l'eau.*

- *Les premières observations météorologiques ont été faites en Chine douze siècles av. J.-C. ! Aujourd'hui, pour faire leurs prévisions, les météorologues utilisent des outils très élaborés, comme les satellites ou les ballons-sondes.*

Pourquoi les prévisions de la météo sont-elles souvent fausses ?

La prévision météo n'est pas une science exacte. Prévoir le temps, c'est analyser dans les plus infimes détails l'état actuel de l'atmosphère pour imaginer les changements qui vont avoir lieu dans les prochaines heures. Ballons, radars, satellites, bateaux, stations météorologiques fournissent des millions de données sur la température, la pression atmosphérique, les nuages, la visibilité, la pluie... Ces informations sont réunies dans des ordinateurs géants qui effectuent des calculs savants pour analyser la situation à venir. Malgré tous ces moyens, les prévisions du lendemain sont seulement fiables à 80 % ; celles des 5 à 7 jours qui suivent le sont à 50 %.

Comment naissent les nuages ?

Comme une énorme éponge, l'atmosphère absorbe l'eau des mers et des océans, qui se transforme en vapeur. En s'élevant, la vapeur refroidit et se condense, c'est-à-dire qu'elle retourne à l'état liquide. Les gouttelettes d'eau en suspension se rassemblent pour former les nuages.

Pourquoi les nuages ont-ils des formes si différentes ?

La forme des nuages dépend du temps qu'il leur a fallu pour se former et donc de l'altitude à laquelle ils se

1- cirrus, 2- cirrostratus, 3- altostratus, 4- cumulo-nimbus, 5- cumulus, 6- strato-cumulus, 7- stratus.

situent, mais aussi de la quantité d'humidité qu'ils contiennent. C'est à partir de ces critères qu'a été établie une base de classification en 1803. Les nuages qui se forment haut dans le ciel et qui s'étirent en longs filaments s'appellent des cirrus, en latin : « boucle de cheveux ». Ceux qui bourgeonnent comme des choux-fleurs et se forment plus près du sol sont les cumulus, en latin : « amas ». Les derniers sont les stratus, en latin : « étendu », qui plantent un plafond gris au-dessus de nos têtes. À partir de ces trois catégories, on a répertorié dix grands types de nuages.

Comment se forment les éclairs ?

C'est dans un nuage, appelé cumulo-nimbus, que naissent les éclairs. À l'intérieur de ce nuage, il y a une multitude de gouttelettes d'eau et de cristaux de glace brassés par le vent. En se frottant et en s'entrechoquant, cristaux et gouttelettes se chargent d'électricité. Quand il y a trop d'électricité, une décharge traverse le nuage : c'est l'éclair.

INCROYABLE !

- Quand, en tombant des nuages, les gouttelettes n'ont pas le temps de se cristalliser, elles s'agglomèrent en billes de glace. En 1959, au Kazakhstan, on a trouvé un grêlon de 1,9 kg !

pourquoi le tonnerre arrive-t-il après la foudre ?

Si le tonnerre arrive après la foudre, c'est que l'on n'est pas encore au cœur de l'orage. En effet, comme la lumière file à 300 millions de mètres par seconde et que le son n'avance qu'à environ 330 m/s, le flash de la foudre nous parvient 910 000 fois plus vite que le roulement du tonnerre. En calculant le nombre de secondes qui séparent la foudre du tonnerre, on peut déduire la distance qui nous sépare de l'orage.

pourquoi la neige se transforme-t-elle en pluie ?

Tout commence dans les nuages, où cohabitent des cristaux de glace et de minuscules gouttelettes d'eau qui, malgré une température au-dessous de 0 °C, demeurent liquides. Cependant, au moindre choc, les gouttelettes congèlent. En tombant, ces cristaux grossissent au contact de nouvelles gouttelettes d'eau. De plus en plus gros, de plus en plus lourds, ils tombent de plus en plus vite en formant des flocons de neige.
Si le flocon ne rencontre pas de températures positives en traversant les couches d'air ou si la traversée est trop rapide, il ne fond pas. Autrement, il se transforme en pluie.

comment se forme le vent ?

C'est à l'énergie du Soleil que l'on doit le vent ! Les rayons du Soleil réchauffent la Terre, qui, à son tour, renvoie la chaleur dans l'air qui l'entoure. Cette masse d'air chaud (plus légère) remonte, comme dans le conduit d'une cheminée, en diminuant la pression au sol. Inversement, une masse

d'air froid (plus lourd) prend, quant à elle, le chemin inverse en descendant vers le sol et en augmentant la pression à la surface de la Terre. L'air qui circule, c'est-à-dire le vent, va des zones de hautes pressions, ou anticycloniques, vers les zones de basses pressions, ou dépressions, tout en étant dévié sous l'effet de la rotation de la Terre.

pourquoi dit-on l'œil du cyclone ?

Comme le Cyclope, le cyclone a un œil unique autour duquel la tempête grandit. Cela commence par une forte dépression au-dessus de l'océan. Les nuages tourbillonnent, les vents de plus en plus violents s'enroulent autour d'un centre où les pressions sont basses : c'est l'œil du cyclone ; là, tout est calme. Au départ, l'œil peut s'étendre sur quelque 300 km, mais, en se

De violents phénomènes météorologiques naissent du vent, comme un cyclone, représenté ci-contre, ou une tornade.

déplaçant, l'ouragan s'enfle en aspirant toujours plus d'air chaud. Arrivé près des côtes, l'œil ne fait plus que 50 km, la pression y a beaucoup baissé.
À l'intérieur de l'œil, les vents sont inférieurs à 25 km/h ; tout autour, ils soufflent avec des pointes de 360 km/h !

Comment naît une tornade ?

Une tornade se développe souvent pendant de violents orages, lorsqu'une colonne d'air chaud ascendant rencontre un fort courant froid descendant. L'air s'enroule en un tourbillon créant une sorte d'entonnoir qui s'étire vers le sol. Il aspire tout sur son passage comme un aspirateur. Autour, rien ne bouge. Ce rapide phénomène dure de 5 à 30 min, mais peut engendrer des vents de 300 km/h.

INCROYABLE !

- La foudre atteint des températures si élevées que, lorsqu'elle s'abat sur un arbre, elle fait bouillir l'eau et la sève, qui se transforment en vapeur. L'arbre explose et s'enflamme sous l'effet de la chaleur.

Préserver la planète

En août 2002, au Sommet de la Terre, on a pris le pouls de la planète : pollution, surexploitation des ressources naturelles, accidents industriels, accumulation des gaz à effet de serre, trou dans la couche d'ozone... Conclusion, le désert avance, la forêt recule, les eaux montent, des algues gloutonnes colonisent la mer et partout les déchets s'accumulent. Pourtant, préserver la planète commence par de petits gestes simples : trier ses déchets, économiser l'eau, éteindre la lumière en sortant de chez soi.

Pourquoi trier les déchets avant de les jeter dans les poubelles ?

Pour les recycler, bien sûr ! Et ce n'est pas une mince affaire, car chaque jour chaque Européen produit en moyenne 1 kg d'ordures ménagères. D'où l'intérêt d'exploiter ces déchets, comme le papier, qui sert à la fabrication de sacs. Mais, pour qu'on puisse se resservir des ordures, il faut qu'elles soient triées à l'avance et déposées dans des conteneurs spécifiques : un conteneur pour le papier, le carton, un autre pour le verre, un troisième pour les déchets ménagers traditionnels...

Pourquoi est-ce si grave de raser des forêts ?

Parce qu'en consommant du gaz carbonique et en produisant de l'oxygène indispensable à la vie elles sont les poumons de notre planète. Sans oublier que, grâce à leurs racines, les arbres retiennent le sol et empêchent les glissements de terrain. De plus, en détruisant les forêts, on rompt l'équilibre naturel. Avec les arbres, ce sont aussi les plantes et les animaux qui disparaissent.

Pourquoi la planète se réchauffe-t-elle ?

Parce que, depuis un siècle et demi, les hommes utilisent de plus en plus de combustibles comme le charbon ou le pétrole qui, en brûlant, produisent du gaz carbonique. Ce gaz, dit à effet de serre, est en partie responsable du réchauffement. Plus lourd que l'air, il s'accumule dans l'atmosphère et forme comme un couvercle : quand les rayons du Soleil ricochent sur le sol, ils sont retenus par ce couvercle, qui les empêche de repartir vers le ciel. Si cela continue, la température risque d'augmenter de 1,8 à 6 °C d'ici un siècle. Avec la fonte des glaciers, le niveau de la mer pourrait s'élever de 14 à 95 cm.

Le pétrole déversé dans la mer perturbe l'équilibre naturel en étouffant la flore et en engluant la faune.

Pourquoi faut-il protéger l'eau ?

Parce que, tout comme l'air, l'eau est indispensable à la vie, mais les réserves de la planète ne sont pas inépuisables.

Souvent, les mers, les océans, les fleuves, etc. servent de dépotoirs : égouts, navires, usines y rejettent toutes sortes de polluants. On y retrouve aussi les produits utilisés en agriculture, balayés par la pluie... Au gré des courants, les polluants chimiques se concentrent ou se diluent, mais ils ne perdent pas leur toxicité. L'équilibre de la vie marine est perturbé, les poissons meurent, les coquillages ne sont pas sains....

INCROYABLE !

• La mer d'Aral, en Asie, se transforme en désert, car les deux fleuves qui l'alimentaient ont été détournés pour irriguer des champs.

Les origines de la vie

- *Au IVe siècle av. J.-C., le Grec Aristote s'intéressa aux différentes formes de vie. Il établit une « échelle de la Nature », avec tout en bas la matière inanimée, comme le caillou, puis les plantes et ainsi de suite jusqu'au haut de l'échelle, où il plaçait les mammifères et l'homme.*

- *Jusqu'au XVIIIe siècle, on a cru que les espèces ne changeaient pas. C'est alors que le naturaliste français Buffon a émis l'idée de la mutation de certaines espèces et de la disparition d'autres en prenant les fossiles pour preuve.*

Pourquoi dit-on qu'il n'y a pas de vie sans eau ?

Parce que c'est dans l'eau que la vie s'est développée il y a 3,5 milliards d'années, d'abord sous forme de bactéries, c'est-à-dire de minuscules organismes vivants. Les algues sont venues ensuite, puis des animaux à corps mou, dont il reste peu de traces, car ce corps sans carapace ni coquille s'est souvent décomposé avant de se transformer en fossile.

Comment un être vivant devient-il fossile ?

Il faut que de la vase ou du sable le recouvre avant qu'il se décompose. La boue s'accumule ensuite au-dessus en couches successives et se solidifie. Il faut des millions d'années pour que le squelette d'un poisson, d'une plante ou d'un dinosaure se transforme en roche, les minéraux remplaçant lentement la matière organique qui constituait le corps à l'origine.

Comment connaît-on l'âge d'un fossile ?

Grâce au carbone 14, quand l'âge du fossile ne remonte pas au-delà de 50 000 ans. L'air renferme du carbone 12 et du carbone 14 en plus faible quantité. Les organismes vivants, plantes ou animaux, renferment les mêmes proportions de carbone. Lorsqu'un organisme meurt, le carbone 14 se désintègre lentement en carbone 12. Ainsi peut-on connaître l'âge d'un fossile en mesurant la proportion de carbone 14 qui subsiste. Moins le fossile en contient, plus il est ancien.

Au cours des fouilles, les paléontologues peuvent mettre au jour des ossements d'animaux préhistoriques.

Comment étaient les premiers poissons ?

Ils sont apparus il y a entre 400 et 500 millions d'années après les méduses et les trilobites.

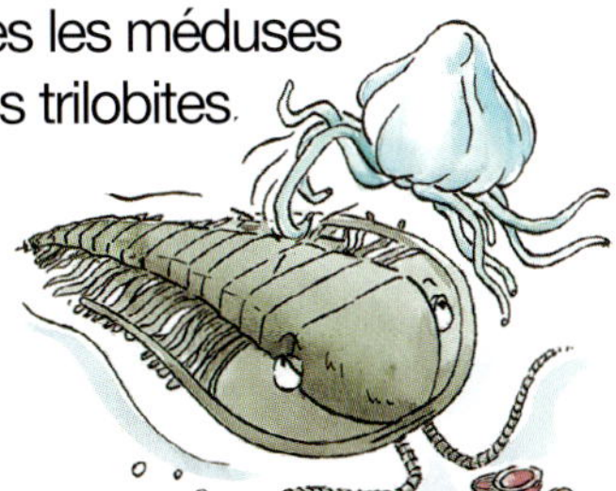

Ils étaient équipés d'une colonne vertébrale, l'arête centrale, avaient une lourde cuirasse, mais pas de mâchoire. Peu à peu, ils allégèrent leur armure et s'équipèrent de dents.

Comment la vie est-elle passée de l'eau à la terre ferme ?

Il y a environ 400 millions d'années, des poissons pouvaient survivre dans la boue humide durant quelques années, mais ils ne pouvaient pas se déplacer avec leurs nageoires. Des poissons à quatre pattes sont apparus, assez musclés pour pouvoir marcher. Cependant, ils avaient besoin de l'eau pour s'humidifier la peau régulièrement et y pondre leurs œufs. Puis, petit à petit, les reptiles sont apparus. Avec leur peau imperméable et recouverte d'écailles, ils ne risquaient plus la déshydratation. Quant à leurs petits, ils étaient protégés dans des œufs à coquille dure.

INCROYABLE !

- Les premières traces de vie remontent à environ 3 500 millions d'années, soit un milliard d'années après la formation de la Terre. Ce sont des sortes d'algues à l'organisme très simple.

Comment les dinosaures ont-ils disparu ?

Leur disparition, il y a environ 64 millions d'années, reste mystérieuse.
Les paléontologues pensent qu'après avoir régné 145 millions d'années sur la Terre les dinosaures ont été victimes de la chute d'une gigantesque météorite. L'impact aurait soulevé un énorme nuage de poussière qui aurait enveloppé notre planète pendant des mois, empêchant les rayons du Soleil d'atteindre le sol. Privées de lumière, les plantes sont mortes, puis les dinosaures qui s'en nourrissaient, et enfin les carnivores ont disparu.

Pourquoi les oiseaux ont-ils des plumes ?

Les plumes sont une évolution des écailles. Avant de servir à voler, elles ont permis aux oiseaux de conserver la chaleur.
On pense qu'il y a environ 150 millions d'années le premier oiseau, l'archéoptéryx, ce qui veut dire littéralement « vieille plume », s'en servait comme tue-mouches. Avec ses dents pointues, il semble être un parent très proche de ses contemporains les dinosaures. Dommage qu'on ne sache pas comment il volait !

Pourquoi les mammifères ont-ils conquis la planète ?

Après des millions d'années de cohabitation, les dinosaures ont disparu, tandis que les mammifères se sont multipliés.
Les spécialistes continuent à s'interroger sur la prolifération des uns et l'extinction des autres. Le grand atout des mammifères est leur mode de reproduction, bien moins risqué que la coquille d'œuf des reptiles. La plupart d'entre eux font grandir leur bébé à l'abri dans une poche,

le placenta, à l'intérieur de leur ventre. Une fois né, le bébé reçoit une nourriture adaptée à ses besoins, le lait maternel. Autre atout : les mammifères savent s'adapter aux climats les plus rudes et produisent leur propre chaleur grâce à leur nourriture.

Pourquoi l'homme descend-il du singe ?

L'homme ne descend pas directement du chimpanzé ou du gorille, mais certains pensent que nous avons un ancêtre commun. Ce grand ancêtre singe vivait il y a environ dix millions d'années en Afrique. De grands changements climatiques ont eu lieu : à l'est du continent, de vastes étendues d'herbe ont remplacé la forêt. Pour se nourrir, le singe a dû s'adapter. Comme il passait désormais plus de temps par

Des scientifiques émettent l'hypothèse que l'homme et les singes auraient un ancêtre commun.

L'Australie s'est trouvée totalement isolée il y a 35 millions d'années. Des marsupiaux, c'est-à-dire des mammifères portant leur bébé incomplètement formé dans une poche ventrale, s'y sont développés. Beaucoup ont disparu depuis, mais les kangourous et les koalas sont les survivants de ces temps lointains.

terre que dans les arbres, il s'est petit à petit redressé. Cette nouvelle position lui permettait de voir au-dessus de l'herbe les proies éventuelles ou le danger, mais aussi d'avoir les mains libres pour cueillir les plantes. Le cerveau de cet hominidé a grossi et ses dents se sont adaptées à sa nourriture variée.

Pourquoi les kangourous et les koalas n'habitent-ils que l'Australie ?

Lorsque les continents se sont définitivement séparés, les mammifères ont continué leur évolution d'une manière autonome selon les régions du monde dans lesquelles ils habitaient.

INCROYABLE !

● Aujourd'hui, de nombreuses espèces sont menacées d'extinction, car l'homme modifie leur environnement ou les tue. Cent ans après l'arrivée des colons à l'île Maurice, le dodo a disparu.

Les plantes

- *Sans les plantes, nous ne pourrions pas vivre. Elles nous nourrissent et fournissent notre oxygène.*

- *Ce sont les Chinois qui, les premiers, ont répertorié les plantes. Aujourd'hui, les botanistes ont décrit environ 350 000 espèces, mais il en existe bien d'autres.*

- *Certaines sont minuscules, d'autres gigantesques, certaines fleurissent, d'autres pas, certaines poussent dans les déserts, d'autres dans les forêts tropicales, certaines vivent de longues années, d'autres meurent à la fin d'une saison. Bref, le monde des plantes est incroyablement divers.*

Comment les plantes mangent-elles ?

Par les racines. Ce sont elles qui, grâce à de minuscules poils, absorbent l'eau et les sels minéraux qui se trouvent dans le sol. Le tout est transporté dans les petites racines, les radicelles, puis dans les racines principales pour enfin remonter dans la tige principale.

Pourquoi les fleurs sont-elles colorées ?

On dit que les plantes ont des fleurs colorées pour attirer les insectes, sans lesquels elles ne pourraient guère compter que sur le vent pour se reproduire. Gourmands, ces animaux viennent se nourrir du nectar produit par la fleur. En se posant, ils se couvrent de pollen et l'emportent vers une autre fleur, qui ainsi est fécondée et forme une graine.

Pourquoi les fraisiers courent-ils dans le jardin ?

Parce qu'un fraisier produit des tiges rampantes, les stolons, au bout desquelles grandissent de nouveaux petits fraisiers. Comme le fraisier, d'autres plantes n'ont pas besoin de graines pour se reproduire. Les iris ont des tiges qui poussent sous la terre, les rhizomes, lesquels donnent naissance à de nouvelles plantes. Les jonquilles, elles, ont un bulbe, c'est-à-dire une grosse partie renflée à la base de leur tige

Une abeille vient se nourrir du nectar d'une fleur. Elle s'y frotte et emporte avec elle du pollen qu'elle va ensuite déposer dans le cœur d'une autre fleur.

qui leur sert de réserve et qui donne naissance à de nouveaux bulbes d'où partent de nouvelles tiges.

Pourquoi la carotte est-elle plus costaude que le peuplier ?

Parce que la carotte résistera à tous les forts coups de vent, tandis qu'une très forte bourrasque peut déraciner le peuplier.

On croit trop souvent que les arbres, qui sont des plantes très hautes, ont des racines très profondes sous terre. Le peuplier, qui mesure 30 m de haut, a certes de nombreuses racines pour s'accrocher au sol, mais, au lieu de plonger dans la terre, elles s'étalent à la surface du sol.

INCROYABLE !

• Les scientifiques ont mis au point un mode de culture qui permet à la plante de grandir hors de la terre. Il suffit aux racines de reposer dans de l'eau enrichie de substances nutritives.

Pourquoi les feuilles sont-elles vertes ?

À cause de la chlorophylle, un pigment vert que les feuilles contiennent et qui absorbe l'énergie du Soleil. Quand vient l'automne, la chlorophylle cède peu à peu la place à des pigments secondaires, jaunes, rouges, orange.

Pourquoi taille-t-on les arbres ?

On peut les tailler pour qu'ils prennent moins de place, ou encore pour éliminer les branches malades et permettre ainsi aux végétaux de vivre plus longtemps. Quand les arbres sont trop touffus, on peut éliminer certaines branches afin que celles qui restent reçoivent assez de lumière pour se développer harmonieusement. En ce qui concerne les arbres fruitiers, on peut ne conserver que très peu de branches de manière à faciliter le voyage de la sève, qui est le sang de l'arbre. Ainsi, les fruits, mieux nourris, seront plus beaux.

Pourquoi les feuilles tombent-elles en automne ?

Pour que l'arbre puisse survivre au froid. En hiver, les racines n'arrivent plus à puiser l'eau dans les sols souvent gelés. Comme l'eau s'évapore en grande partie par les feuilles, l'arbre se débarrasse d'elles tout simplement pour pouvoir conserver un minimum d'eau. Non seulement l'arbre fait sa toilette en éliminant les feuilles, mais il remplit son garde-manger. En tombant à ses pieds, les feuilles qui se décomposent forment un engrais nourricier.

Pourquoi certains arbres conservent-ils leurs feuilles en hiver ?

Parce que leurs feuilles ont une sorte de revêtement « antigel ». Le sapin de Noël, par exemple, a un feuillage persistant. Ses aiguilles sont parées pour résister aux hivers les plus rudes grâce à deux couches protectrices, dont l'une est en cire. Ces arbres perdent aussi leurs feuilles, mais pas toutes en même temps. Elles sont remplacées immédiatement par de nouvelles. Ni vu ni connu !

Pourquoi certaines plantes ont-elles des épines ?

Aiguillons, épines et « poil à gratter » sont une bonne défense contre les agresseurs en tout genre. Cela permet à certaines espèces de ne pas disparaître. Les cactus, par exemple, qui sont pourtant

À l'automne, les feuilles donnent aux forêts tempérées des teintes magnifiques.

des réserves d'eau et de nourriture bien tentantes dans les déserts, sont rarement attaqués par les animaux. Certaines plantes ont un très mauvais goût ou une très mauvaise odeur. Cela leur évite de se faire manger.

Comment les plantes s'adaptent-elles ?

Pour mieux recevoir la lumière, les plantes grimpantes, comme les lianes dans la jungle, se hissent vers le ciel. Dans le désert, les plantes économisent l'eau dans leur tige, leurs feuilles ou leurs racines particulièrement épaisses. Les plantes de montagne poussent en touffes basses et compactes pour se protéger des vents desséchants. Pour compenser la pauvreté du sol, les plantes carnivores font le plein de vitamines en dévorant les insectes.

INCROYABLE !

- Depuis les premières explorations, des milliers de plantes ont voyagé à travers le monde. En 1495 av. J.-C., des arbres à encens furent rapportés de la Corne d'Afrique pour la reine égyptienne Hatshepsout.

Les animaux

- *1,5 million d'espèces d'animaux sont aujourd'hui identifiées, mais les spécialistes pensent en découvrir beaucoup plus.*
- *Les animaux vivent sur terre, dans la mer et dans les airs ; ils sont vertébrés ou invertébrés, à sang chaud ou à sang froid... Depuis plus d'un milliard d'années, ils s'adaptent à leur environnement.*
- *Tous font partie de la chaîne alimentaire : la libellule mange le têtard, la perche mange la libellule, le balbuzard mange la perche...*

Pourquoi la marmotte mange-t-elle autant ?

Parce qu'elle a un régime spécial hibernation. Du printemps à la fin de l'été, elle passe presque tout son temps à manger. Ses réserves de graisse vont lui permettre de combattre le froid pendant les six mois d'hibernation. En octobre, elle rentre dans son terrier, bouche l'entrée et s'endort, blottie contre ses copines. Pour beaucoup de mammifères, surtout les plus petits, l'hibernation est une stratégie pour survivre au froid de l'hiver sans dépenser leur énergie.

Comment le crocodile respire-t-il quand il est dans l'eau ?

Quand il met la tête sous l'eau, ses narines se bouchent grâce à des replis de peau qui empêchent l'eau de pénétrer dans les poumons. Le même système de valve existe au fond de sa gorge, pour qu'il puisse ouvrir grand la gueule pour chasser sous l'eau sans en avaler. Le crocodile a les narines placées sur le haut de la tête pour pouvoir respirer tout en ayant le corps immergé.

Pourquoi les moustiques piquent-ils ?

Ce sont les femelles qui piquent pour absorber quelques gouttes de sang humain dont elles se nourrissent et qui leur est nécessaire après l'accouplement pour pondre leurs œufs. En piquant, certains moustiques, en particulier dans les régions des tropiques, transmettent

Le tamanoir, appelé aussi fourmilier, est un insectivore au museau allongé et sans dents. Il éventre les termitières pour récupérer les termites, ces insectes dont il raffole. Il les attrape avec sa langue très longue.

Certains fils de soie sont gluants pour mieux piéger les futures proies. Environ la moitié des araignées capturent leurs proies dans leur toile.

de dangereux microbes et de minuscules organismes. L'être humain qui est piqué peut développer de graves maladies comme la fièvre jaune ou le paludisme.

Comment l'araignée tisse-t-elle sa toile ?

Elle la tisse avec une soie très solide qu'elle produit elle-même. La soie sort par de petits orifices, les filières, situés sur l'abdomen et composés de petits tubes. L'araignée attend l'aide du vent pour transporter le premier fil entre deux points. Puis elle rejoint le milieu du fil et commence à tisser des rayons pour ensuite former des spirales.

INCROYABLE !

- La langue du tamanoir fait une soixantaine de centimètres de long. Elle est couverte de petites épines et d'une salive collante ! Pas de chance pour les termites, dont il fait son casse-croûte !

Comment les serpents tuent-ils leurs proies ?

Sur les 2 700 espèces de serpents, seulement 300 sont venimeuses. Le venin est contenu dans des glandes situées au fond de la gueule, puis il gagne les crochets placés à l'avant ou à l'arrière de la mâchoire. Et crac ! Le serpent administre à sa proie une morsure fatale. D'autres serpents, comme les boas ou les pythons, sont dits constricteurs : ils étouffent leurs proies en s'enroulant autour de leur corps. Les serpents sont incapables de broyer leurs victimes, mais ils ont une mâchoire élastique qui leur permet d'avaler de très gros animaux. L'anaconda, par exemple, peut ingurgiter un crocodile, qui sera digéré grâce aux sucs digestifs.

Pourquoi les requins ont-ils de grandes dents ?

Tous les requins n'ont pas de grandes dents. En effet, la longueur de celles-ci varie selon le mode d'alimentation. Le requin mangeur de plancton (eh oui !) a de petites quenottes, celui qui mange les coquillages a des dents broyeuses, celui qui se nourrit de grosses proies est équipé de redoutables dents triangulaires. En prenant de l'âge, certaines espèces changent même de type de dents, car elles changent d'alimentation !

Comment le phoque chasse-t-il ?

Il stocke d'abord l'oxygène dans son sang et vide ses poumons. Une fois sous l'eau, ses narines et ses oreilles se ferment, ses pupilles se dilatent pour capter la moindre lumière et ses longues moustaches ultrasensibles détectent les vibrations de l'eau provoquées par un animal en fuite. Certains phoques sont capables de chasser pendant plus d'une heure à 500 m de profondeur.

Pourquoi les girafes ont-elles un si long cou ?

Il n'y a pas toujours eu que des girafes à long cou. Il existait aussi autrefois des girafes à petit cou. Mais comme les girafes se nourrissent des feuilles de hauts arbres, celles qui avaient un long cou se servaient plus facilement. Mieux nourries, elles se reproduisaient davantage. C'est pourquoi elles sont les seules à avoir subsisté.

Pourquoi les poils de l'ours polaire sont-ils blancs ?

Pour mieux se fondre dans le paysage. En fait, ils ne sont pas tout à fait blancs, mais

Comment les animaux résistent-ils au froid polaire ?

Grâce à leur fourrure pour les animaux terrestres. Ceux qui vont sous l'eau ont tout particulièrement besoin d'une épaisse couche de graisse (20 cm pour le morse, 5 cm pour le phoque) pour protéger les organes à l'intérieur du corps. Chez le morse et le phoque, les vaisseaux sanguins situés sous la peau se contractent dans l'eau glacée pour limiter la perte de chaleur.

Quand le morse prend un bain de soleil, ses vaisseaux sanguins se dilatent pour capter le maximum de chaleur. Du même coup, sa peau rosit.

plutôt creux et transparents. Les rayons du Soleil pénètrent à l'intérieur du poil et conduisent la chaleur jusqu'à la peau.

Certains animaux, comme l'hermine ou de nombreux oiseaux, changent même de couleur en fonction des saisons. L'hermine perd ses poils bruns et se camoufle en hiver sous une belle fourrure blanche pour éviter les prédateurs et chasser sans être vue.

INCROYABLE !

- Les éléphants abîment les arbres en les poussant, mais ils les aident à se reproduire : en avalant leurs graines, qui finissent dans leurs crottes, ils leur procurent un très bon engrais naturel !

Pourquoi les serpents perdent-ils leur peau ?

Pour se développer et se refaire une beauté. Après la mue, ils ont des couleurs beaucoup plus vives. Mais les serpents, les lézards, les crocodiles ne sont pas les seuls à muer ; les oiseaux aussi perdent leurs plumes une fois par an, et beaucoup d'autres animaux adaptent leur pelage aux conditions climatiques.

Pourquoi le singe fait-il la grimace ?

Parce que, en plus des cris, des odeurs, des gestes, des caresses, les singes utilisent la grimace pour communiquer. Ce langage très complet n'est pas connu dès la naissance. Ce sont les parents qui passent beaucoup de temps à éduquer leurs petits. Les singes, comme les dauphins, les rats ou les chiens, sont intelligents, car ils sont capables d'acquérir de nouvelles connaissances et d'exécuter de nouvelles tâches. Chez ces animaux, la zone du cerveau où se forme la pensée est relativement développée.

Pourquoi les baleines hurlent-elles ?

Parce que communiquer est souvent essentiel pour survivre. Certains animaux peuvent se « parler » à travers des distances immenses. Ainsi, les hurlements de plusieurs baleines s'entendent à des centaines de kilomètres à la ronde.

Comment les chats communiquent-ils ?

Ils communiquent en miaulant et varient les intonations selon leur humeur. Leur comportement est aussi un moyen de communiquer : le dos rond et les poils hérissés sont le signe qu'ils veulent impressionner l'autre. Mais les chats n'ont pas besoin de se rencontrer pour communiquer, il leur suffit de se frotter la tête ou le derrière contre quelque chose pour y laisser une odeur repérable par eux seuls. Ce sont des phéromones.

Pourquoi certains animaux changent-ils de couleur ?

Pour transmettre des messages. Ce sont les nerfs qui modifient les pigments de la peau et permettent les changements de couleur. La seiche utilise la couleur pour dire son humeur : quand elle vire au noir, c'est qu'elle est en colère. Pour beaucoup, la couleur est

le moyen d'effrayer le rival et d'éviter la bataille. Certains l'utilisent pour tromper l'adversaire. Ainsi, l'inoffensif syrphe, qui est une mouche, s'habille de noir et de jaune comme la guêpe pour tenir les prédateurs à distance.

Comment les fourmis se battent-elles ?

Chez les fourmis, le secret de la guerre, c'est l'odeur ! Une colonie de fourmis entre sur le territoire réservé d'une autre colonie de fourmis. Une des fourmis attaquées sonne l'alarme en lançant un message odorant grâce à la fameuse substance appelée phéromone. Alertés par l'odeur propre à la colonie, les autres membres se préparent à l'assaut. Abdomen à terre, une fourmi va chercher du renfort. Comme le Petit Poucet, elle laisse une piste derrière elle, libérant des odeurs en pressant une glande placée dans le rectum.

Les fourmis utilisent un langage fait de gestes et d'odeurs pour communiquer.

INCROYABLE !

- Quand vient la saison des amours, les oiseaux mâles se mettent à danser : c'est la parade nuptiale. Le paon déploie sa queue, la grue saute en l'air, l'aigle pratique le vol acrobatique... Beaucoup séduisent par leur chant.

Pourquoi les abeilles sont-elles si organisées ?

Parce qu'elles ont un chef unique, la reine, seule capable de pondre les œufs. La reine sécrète une substance : la phéromone. Elle communique ses signaux odorants aux autres membres de la colonie par le biais de la nourriture, par le contact ou par évaporation, et dirige son monde, donnant une tâche précise à chacune de ses dizaines de milliers d'abeilles ouvrières : collecter du miel, nettoyer la ruche, soigner les plus jeunes. Vivre en groupe, dans le monde animal, c'est augmenter ses chances de survie.

Beaucoup d'espèces vivent ainsi parfois juste le temps de la reproduction, parfois toute une vie. Les lions choisissent de se regrouper à plusieurs familles pour s'aider à chasser et à éduquer les petits.

Pourquoi le ver de terre ne meurt-il pas quand on le coupe ?

Parce que son corps est constitué de plusieurs anneaux et que chacun contient un lot complet d'organes. Ainsi, quand on coupe un ver, on en obtient deux. Beaucoup d'êtres vivants ont cette faculté plus ou moins développée de réparer le corps blessé. Comme par magie, le bras de l'étoile de mer se reconstitue, la queue du lézard repousse !

Comment le dauphin et la chauve-souris se dirigent-ils ?

Ce sont leurs petits cris qui leur permettent de reconnaître leur environnement. Ces cris portent loin dans l'air ou dans l'eau. Lorsqu'ils se heurtent à un obstacle, ils reviennent à leur émetteur comme un boomerang, ce qui permet au dauphin et à la chauve-souris de s'orienter dans les eaux troubles ou dans la nuit et, mieux encore, de localiser précisément un poisson ou un insecte malgré les bruits de fond et les différents brouillages. Nous autres, hommes, sommes incapables d'entendre les sons que ces animaux émettent.

Pourquoi le pigeon voyageur revient-il à la maison ?

Parce qu'il a une boussole dans la tête. En effet, il a entre le cerveau et la boîte crânienne une quantité infime de magnétite, cet oxyde de fer naturel que les Chinois utilisèrent autrefois pour fabriquer les premières boussoles. Il s'oriente aussi grâce au Soleil, en calculant sa position en fonction de la trajectoire de l'astre dans le ciel. Et, pour finir, il voyage à l'odeur : après avoir enregistré le parfum de son pigeonnier, il y ajoute toutes les odeurs apportées par le vent et dresse ainsi une sorte

Pour se reproduire, les saumons entreprennent de longues migrations de l'océan à la rivière où ils sont nés.

de carte des odeurs. De nombreux animaux, insectes, poissons, crustacés, oiseaux ou mammifères, migrent pour trouver de la nourriture ou donner naissance à leurs petits, s'orientant grâce au champ magnétique terrestre, à la direction des courants, à la composition de l'eau et à leur mémoire.

Pourquoi le taureau n'aime-t-il pas le rouge ?

Ce n'est pas le rouge qui excite le taureau, mais le mouvement du tissu que l'on agite devant ses yeux, car le taureau, comme beaucoup de vertébrés, excepté certains poissons, des batraciens, des singes ou des oiseaux, distingue mal les couleurs.

Pourquoi le guépard court-il si vite ?

C'est grâce à sa colonne vertébrale, laquelle fonctionne comme un ressort, tandis que sa longue queue joue le rôle de gouvernail en stabilisant et en dirigeant la course. La vitesse de pointe d'un guépard est de 110 km/h.

INCROYABLE !

- La sterne arctique se reproduit au pôle Nord et, à l'automne, entreprend le voyage de retour vers le pôle Sud et parcourt 36 000 km.

Cellules et chromosomes

- *À l'origine de tout organisme vivant, il y a une cellule microscopique. C'est la plus petite unité de vie capable de grandir et de se reproduire.*

- *Le corps humain est constitué d'environ 10 000 milliards de cellules. Chaque cellule ressemble à un petit sac renfermant un noyau.*

À l'intérieur de ce noyau, il y a 46 chromosomes regroupés en 23 paires. Chaque chromosome est fait d'une substance appelée acide désoxyribonucléique ou ADN, contenant les milliers de gènes portant les informations qui caractérisent l'organisme.

Pourquoi naît-on fille ou bien garçon ?

Le corps contient des cellules sexuelles, les spermatozoïdes et les ovules. Ce sont les seules cellules à ne posséder que 23 chromosomes. L'ovule porte des chromosomes X et le spermatozoïde des chromosomes X ou Y. Quand un spermatozoïde féconde un ovule, ils forment à eux deux 23 paires de chromosomes. L'une d'elles détermine le sexe de l'enfant. Si elle se compose de deux X, ce sera une fille ; si elle est formée d'un X et d'un Y, ce sera un garçon.

Comment distingue-t-on les vrais des faux jumeaux ?

Généralement, la femme produit un seul ovule par mois. Si, une fois l'ovule fécondé par le spermatozoïde, l'œuf se divise en deux œufs identiques, de vrais jumeaux vont naître : ils seront du même sexe et se ressembleront beaucoup. En revanche, si la femme produit deux ovules le même mois et que les deux soient fécondés chacun par un spermatozoïde, alors deux bébés vont se développer en même temps : ce sont de faux jumeaux. Issus de deux œufs différents, ils ne se ressemblent pas plus que des frères et sœurs nés à plusieurs années d'écart.

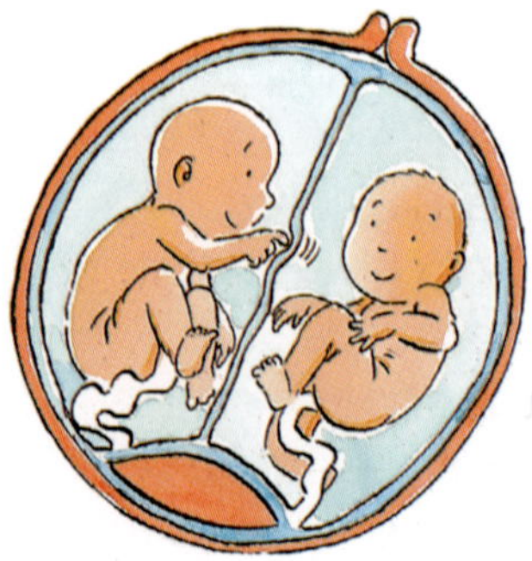

Pourquoi tous les gens n'ont-ils pas la même couleur de peau ?

C'est parce que l'ADN porte un message codé différent, qui indique la quantité de mélanine que doit fabriquer

Les caractères génétiques se transmettent de génération en génération. C'est pourquoi très souvent les membres d'une même famille se ressemblent tant.

le corps. La mélanine est le pigment marron qui colore la peau et la protège du soleil. Dans les pays chauds, les gens ont la peau noire, car celle-ci produit plus de mélanine pour mieux les protéger. C'est une information parmi les milliers d'autres délivrées par les gènes reçus à la naissance : couleur des yeux, texture des cheveux, forme du visage...

Pourquoi relève-t-on les empreintes digitales pour retrouver un voleur ?

Chaque personne a, au bout des doigts, de petits sillons très fins en forme de boucle et de courbe, appelés empreintes digitales. Or chaque empreinte est propre à une seule personne.

On peut donc identifier le voleur à partir des marques qu'il a laissées derrière lui avec ses doigts.

Pourquoi y a-t-il des maladies héréditaires ?

Il arrive qu'un gène transmis par l'un des parents soit abîmé ; cela entraîne une maladie génétique, que l'on appelle héréditaire, et qui risque de se transmettre de génération en génération.

INCROYABLE !

• La thérapie génique consiste à introduire un gène sain dans les cellules de manière qu'il fasse le travail du gène abîmé ou manquant.

Les microbes

- *On a longtemps imaginé que la viande en putréfaction donnait naissance à des asticots et que les puces naissaient de la saleté. Au XIXe siècle, Louis Pasteur a balayé définitivement l'idée qu'une vie puisse naître spontanément, en prouvant que de minuscules organismes vivants circulent dans l'air. Pour lui, ce sont les microbes et ils sont responsables des maladies infectieuses.*

- *Jusqu'au XIXe siècle, les chirurgiens opéraient les malades sans se laver les mains ; on mourait beaucoup dans les hôpitaux. Les découvertes de Pasteur et de bien d'autres ont permis de lutter contre les microbes et de faire face aux épidémies.*

Comment attrape-t-on des maladies ?

Il y a de nombreuses manières d'attraper une maladie : en respirant un air rempli de microbes, c'est le cas du rhume ; en buvant ou en mangeant de l'eau ou des aliments souillés, c'est le cas du choléra ; en se faisant piquer par un insecte ou mordre par une bête. En mordant, le renard enragé transmet la rage. En ayant des relations sexuelles, l'homme peut transmettre des maladies, c'est le cas du virus du sida.

Comment le corps se défend-il contre les maladies ?

En cas d'attaque, le corps met en action un système de défense : le système immunitaire. Alerte ! La présence d'un microbe est détectée. Aussitôt, le corps produit des cellules spéciales. Certaines ont pour fonction d'enrober le corps étranger à l'organisme et de l'absorber ; d'autres, comme les globules blancs, sont spécialisées dans la production de corps défensifs, les anticorps.

La force de ces globules blancs est de reconnaître les microbes et d'avoir les armes les mieux adaptées pour les combattre.

Pourquoi se vaccine-t-on ?

En injectant dans le corps une dose très faible ou inoffensive de la maladie, on incite le système immunitaire à produire des corps défensifs.

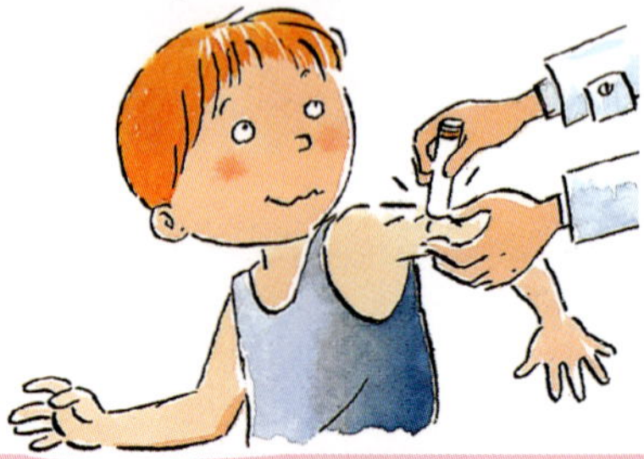

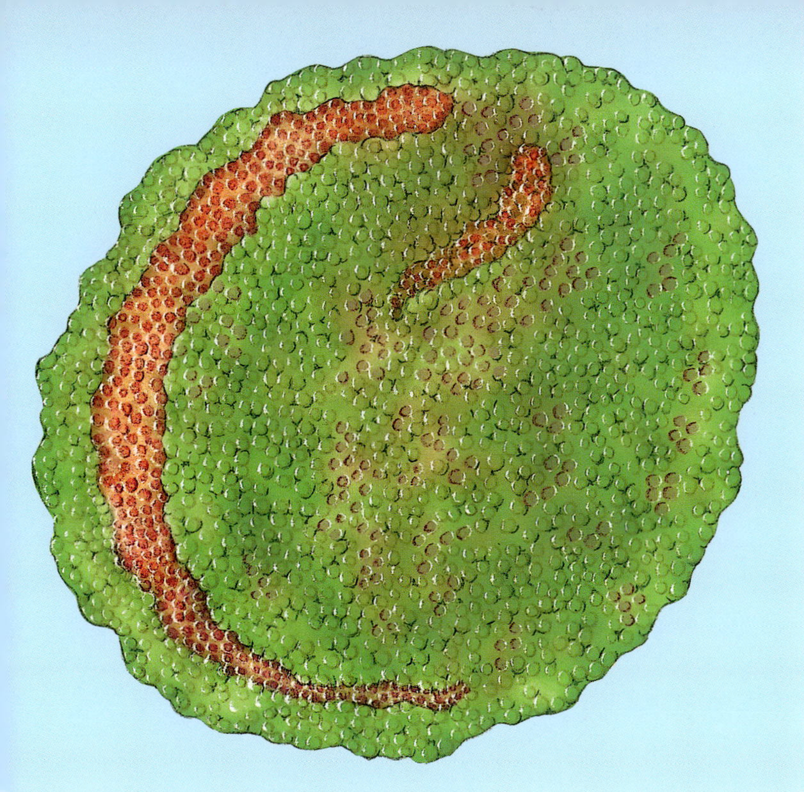

Vue du virus de la grippe au microscope électronique.

Comment lutter contre les microbes ?

En mettant des substances chimiques, dites antiseptiques, sur une plaie pour qu'elle ne s'infecte pas. En portant à très haute température des instruments utilisés, par exemple, en chirurgie. En pasteurisant les aliments, c'est-à-dire en les chauffant aux alentours de 80 °C sans les porter à ébullition, puis en les refroidissant brusquement. C'est Louis Pasteur qui a inventé ce procédé, auquel on a donné son nom.

Pourquoi a-t-on du mal à combattre les virus ?

Parce que le virus est le plus petit des microbes. Il s'introduit dans une cellule avant que le système de défense ne soit mis en alerte.

Incapable de se multiplier tout seul, le virus oblige la cellule squattée à produire d'autres virus. La cellule se trouve bientôt envahie par une armée de virus et meurt d'épuisement. Mais tout n'est pas perdu, des médicaments adaptés aident les 10 000 milliards d'autres cellules à combattre !

INCROYABLE !

- Au XIVe siècle, une grande épidémie de peste a tué un Européen sur quatre.

Le corps humain

• Le corps est une usine formidable. La peau est son enveloppe protectrice. Le squelette en est la charpente. Les muscles sont les moteurs des mouvements.

• La nourriture sert de carburant. L'intestin se charge du tri sélectif des substances. L'oxygène est un autre élément indispensable à la bonne marche de l'usine. C'est l'appareil respiratoire qui le récupère et le fait passer dans le sang.

• Le cœur est la pompe qui fait circuler le sang à travers le corps. Le cerveau est la salle de contrôle ; les nerfs le relient aux différentes parties du corps.

Comment le cerveau nous commande-t-il ?

Le cerveau ne travaille pas tout seul. Avec les nerfs, il fait partie d'un réseau de communications ultraperfectionné que l'on appelle le système nerveux. Le cerveau, associé à la moelle épinière, constitue le centre de commande. Les nerfs sont chargés de transmettre des milliards de messages de toute sorte à travers tout le corps.

Comment fait-on pour renvoyer la balle ?

Alerte rouge ! La balle arrive ! Le cerveau s'active dans tous les coins ! L'œil, qui a vu la balle, envoie un message au cerveau, car il faut réagir ! Celui-ci analyse la distance, la vitesse et donne ensuite des ordres aux muscles du bras. Certains muscles se tirent et le bras se lève. Mais ça ne suffit pas, il faut ensuite frapper la balle. Le cerveau donne alors un nouvel ordre.

Pourquoi les rêves sont-ils si bizarres ?

Parce que le rêve, c'est comme un film sans queue ni tête. Le grand chef, c'est le cerveau. Il prend ce que l'on a vécu dans la journée, y ajoute des souvenirs bien plus anciens et encore un brin d'imagination.

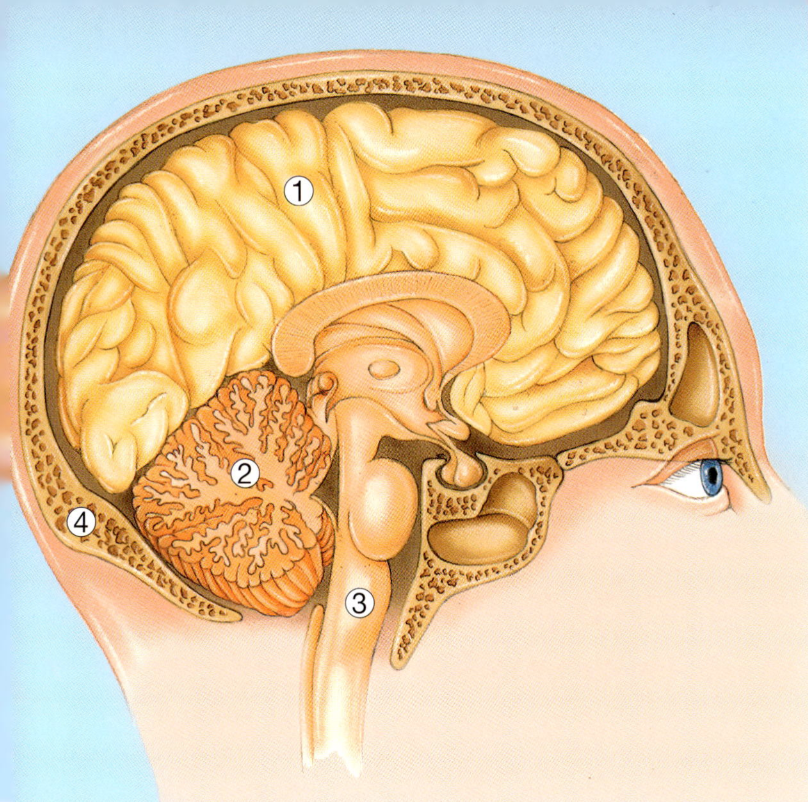

Coupe du cerveau
1- cortex 2- cervelet
3- moelle épinière 4- crâne

Il suffit d'ouvrir le tiroir le lendemain, et voilà ! Enfin, presque...

Le film peut être en noir et blanc ou en couleur ! Il y a le son et même l'odeur ! Les rêves expriment des désirs enfouis tout au fond de nous sans qu'on le sache. Certains spécialistes analysent les rêves et aident à se comprendre un peu mieux soi-même.

Comment se souvient-on de la poésie que l'on a apprise la veille ?

C'est le cerveau qui fait le travail. Il profite d'une phase de sommeil très profond pour trier les événements de la journée et les mémoriser. La poésie apprise le soir est rangée dans un petit tiroir.

Pourquoi faut-il beaucoup dormir quand on est petit ?

Pour mieux grandir ! En effet, c'est principalement pendant le sommeil qu'une glande, l'hypophyse, placée dans le cerveau, produit une hormone de croissance, c'est-à-dire une substance qui va passer dans le sang et agir sur les organes.

INCROYABLE !

- Le cerveau est une machine très performante. Rien qu'en une minute, il donne des milliards d'informations aux muscles.

REPRÉSENTATION DES MUSCLES DU CORPS TELS QU'ILS SONT SOUS LA PEAU.

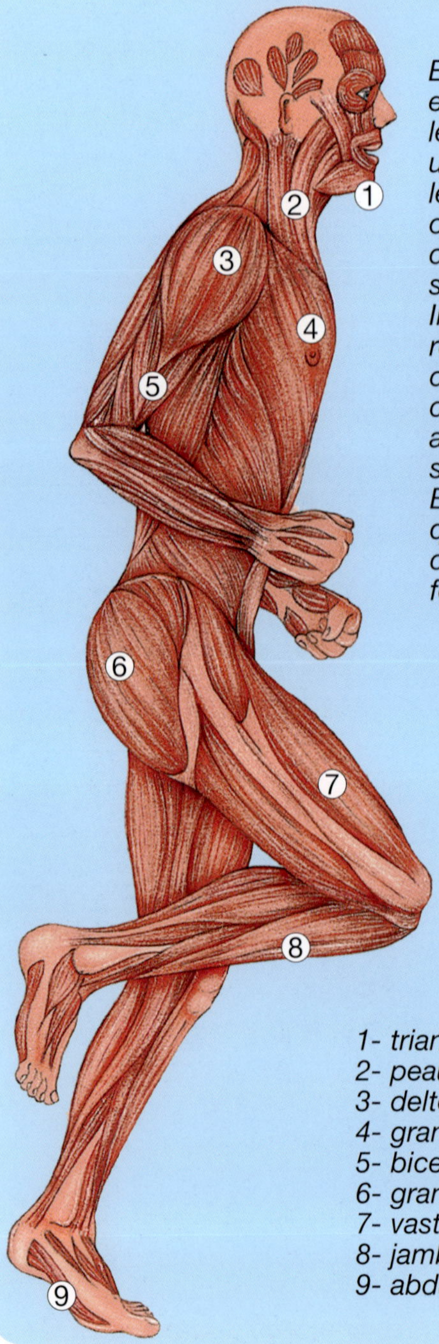

En se contractant et en se relâchant, les muscles produisent un mouvement. Il y a les muscles fixés aux os par les tendons et dont les mouvements sont volontaires. Il y a les muscles qui recouvrent les parois de beaucoup d'organes et qui agissent sans que l'on s'en rende compte. Enfin, il y a le muscle qui recouvre les parois du cœur et qui fonctionne sans arrêt.

1- triangulaire des lèvres
2- peaucier du cou
3- deltoïde
4- grand pectoral
5- biceps
6- grand fessier
7- vaste externe
8- jambier antérieur
9- abducteur du gros orteil

Pourquoi a-t-on des crampes ?

Le corps est comme une machine : s'il manque de carburant ou s'il n'est pas bien entretenu, c'est la panne. La crampe intervient quand les muscles manquent de sels minéraux. Le meilleur moyen de prévenir ces méchantes contractions, c'est de bien boire avant l'effort et d'étirer les muscles régulièrement.

Pourquoi l'estomac fait-il des gargouillis ?

Quand on a faim, les muscles de l'estomac se contractent sans qu'on s'en rende compte et remuent l'air. Ça fait glou glou !

Pourquoi le cœur accélère-t-il quand on court ?

Parce que, quand ils font un effort, les muscles ont besoin de plus de carburant. Le cœur travaille davantage et bat plus vite pour que le sang circule plus vite, car c'est lui qui fournit aux muscles leur énergie.

Pourquoi le cœur bat-il en continu ?

Parce que le cœur est un muscle que l'on ne contrôle pas. Il travaille durant toute la vie automatiquement. Comme une pompe, il fait circuler le sang dans toutes les parties du corps pour lui apporter l'oxygène et la nourriture indispensable à l'alimentation des cellules.

Pourquoi le sang est-il rouge ?

À cause des globules rouges qu'il contient. Ce sont de tout

petits sacs remplis d'un pigment rouge, appelé hémoglobine, qui les aide à transporter l'oxygène à travers le corps. En contact avec l'oxygène, l'hémoglobine devient rouge vif ; quand il perd son oxygène, le sang redevient rouge sombre.

Pourquoi a-t-on un bleu quand on se cogne ?

Parce qu'après un coup les vaisseaux situés sous la peau s'écrasent en laissant le sang s'échapper. Celui-ci n'est plus oxygéné, il change de couleur et apparaît bleu à travers la peau.

Comment les os grandissent-ils ?

Comme le tronc d'un arbre, l'os pousse en longueur et en largeur... Le bébé qui est dans le ventre de sa maman a une matière molle à la place des os : le cartilage. Petit à petit, grâce au calcium que la maman absorbe en mangeant des laitages, le cartilage se durcit et se transforme en os. Quand le bébé naît, ses os n'ont pas fini de grandir, loin de là. C'est pourquoi il faut manger beaucoup de yaourts et de fromage qui contiennent du calcium.

INCROYABLE !

- Le corps contient 6 litres de sang, qui circulent en permanence, passent par les organes et reviennent au cœur à toute vitesse. Le cœur voit passer 25 litres de sang par minute.

Pourquoi les cheveux deviennent-ils blancs ?

Parce que la couleur des cheveux est déterminée par des cellules spéciales, les mélanocytes, qui produisent deux pigments colorés dont le mélange est à l'origine des différentes couleurs de cheveux. Avec le temps, à la suite d'une maladie ou d'un choc émotionnel, ces cellules cessent de fonctionner. Le cheveu pousse sans pigment : il est blanc.

Pourquoi les cheveux tombent-ils ?

Parce qu'ils meurent. Mais heureusement ils se renouvellent. On perd environ 50 cheveux par jour. Au cours de la vie, la petite poche dans laquelle pousse le cheveu produit 20 à 25 cheveux. En moyenne, les cheveux poussent de 1,2 cm par mois, mais cela dépend beaucoup de la personne et de l'âge.

Pourquoi les hommes perdent-ils plus leurs cheveux ?

Parce que, chez les hommes, les petites poches où naissent les cheveux produisent beaucoup plus de sébum, une substance grasse qui fait tomber les cheveux.

Pourquoi transpire-t-on ?

La transpiration est le système de refroidissement du corps : quand on fait du sport ou que l'on reste au soleil, on transpire pour faire baisser la température du corps. La sueur est un mélange d'eau, de sel et de déchets toxiques que le corps évacue par les petits trous de la peau : les pores.

Pourquoi fait-on pipi ?

Pour vider la vessie. C'est le cerveau qui signale que ça va déborder grâce à de petits capteurs placés sur les parois de la vessie. Cette dernière est un peu comme un grand réservoir d'eau usée. Avec le pipi, c'est-à-dire l'urine, s'en vont les déchets qui, s'ils s'accumulaient, risqueraient d'empoisonner le corps. Les usines de traitement des eaux usées, ce sont les reins. Ils effectuent un grand tri en filtrant le sang qu'ils reçoivent du foie et contrôlent le niveau d'eau et de sel du corps. Lorsqu'il fait très chaud et que l'organisme transpire beaucoup, les reins produisent moins d'urine.

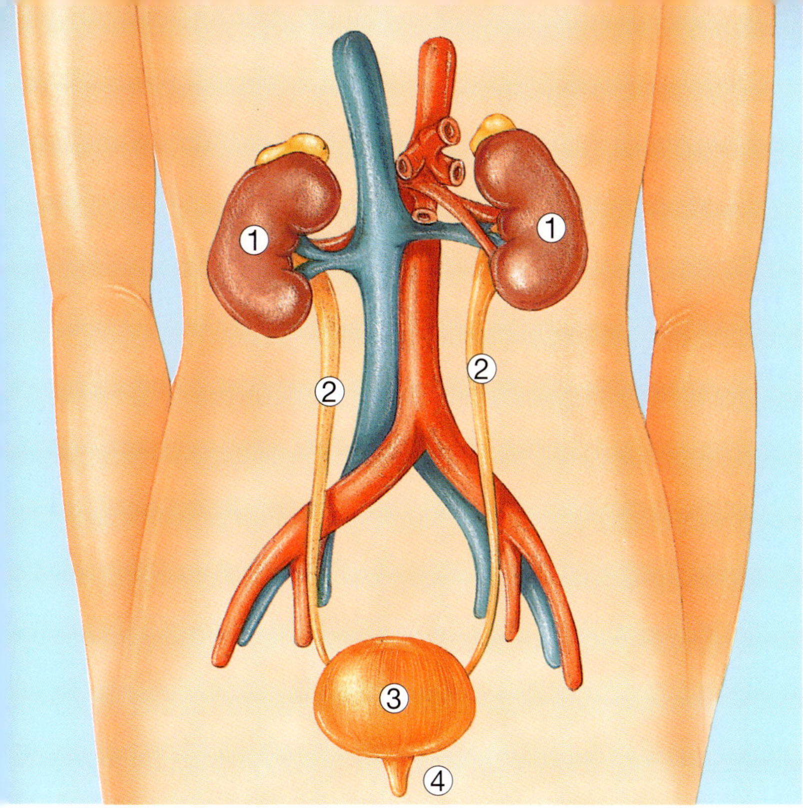

Schéma de l'appareil urinaire 1- les reins 2- les uretères 3- vessie 4- urètre.

Pourquoi a-t-on parfois mal au cœur après avoir mangé ?

C'est souvent parce que l'on a trop mangé ou trop vite ou parce que les aliments que l'on a avalés sont difficiles à digérer ou encore parce que l'on a attrapé un microbe qui s'est glissé dans la nourriture. Il arrive alors que le cerveau donne l'ordre de vomir.

Pourquoi fait-on caca ?

Parce le corps n'utilise pas toute la nourriture qu'on avale. Une partie lui sert de carburant, le reste part dans les toilettes ! Pour les aliments, c'est un vrai parcours du combattant. Ils sont broyés par les dents, malaxés et dissous dans l'estomac.

Quand ils sont liquides, ils se retrouvent dans l'intestin grêle. Là, c'est la sélection : ce qui peut servir de carburant part dans le sang pour nourrir le corps. Ce qui est inutilisable va jusqu'au bout du gros tuyau que forme l'intestin et sort par un petit trou, l'anus. Et plouf...

INCROYABLE !

- Dans le ventre, l'intestin grêle, où passe la nourriture venant de l'estomac, est un long tuyau de 6 à 8 m. Il est tout replié et, à cause de son aspect, on le nomme le deuxième cerveau !

Les cinq sens

- *Flairer une proie, entendre le pas léger d'un prédateur, voir malgré la nuit : voilà des capacités précieuses pour survivre dans le monde animal. Pourtant, de ce point de vue, l'homme est beaucoup moins bien armé que les animaux.*

- *La vue, le toucher, l'ouïe, l'odorat et le goût sont les cinq sens qui relient le corps au monde extérieur. Les yeux, la peau, les oreilles, le nez et la langue sont des outils hautement spécialisés dans la réception des informations transmises au cerveau.*

- *Lorsqu'un de ces cinq sens fonctionne mal ou pas du tout, il est fréquent qu'un ou plusieurs des quatre sens restants augmentent leur sensibilité.*

pourquoi louche-t-on ?

Parce que les deux yeux ne fonctionnent pas parallèlement. Parfois ils sont déviés vers l'intérieur, parfois vers l'extérieur, ou vers le haut, ou vers le bas... Pour corriger ce défaut, on peut porter des lunettes, être opéré, et faire travailler ses yeux en les soumettant à une gymnastique spéciale.

pourquoi certains lisent-ils le nez collé au journal ?

Parce qu'ils ne voient pas plus loin que le bout de leur nez. On dit qu'ils sont myopes. Les images, qui devraient se former sur le fond de l'œil, appelé la rétine, se forment un peu en avant. Les myopes ont la vue courte et ne voient bien que les objets qui sont tout près. Le reste est flou.

pourquoi perd-on le sens de la perspective quand on est borgne ?

Parce que c'est le fait d'avoir deux yeux qui nous permet de voir les objets dans l'espace et de percevoir leur relief et la distance à laquelle ils se trouvent. C'est ce qu'on appelle la vision binoculaire. Les images perçues par l'œil droit et celles perçues par l'œil gauche se rejoignent dans le cerveau pour donner une seule image en trois dimensions.

L'odorat est localisé dans les fosses nasales où des millions de cellules nerveuses captent les odeurs et envoient un message au cerveau par le nerf olfactif.

Comment le nez invente-t-il des parfums ?

Un nez bien exploité est capable de reconnaître plus de 10 000 odeurs différentes. Reconnaître, c'est bien, mais inventer, c'est mieux. Certaines personnes font de leur nez leur principal outil de travail et composent des parfums, en associant des odeurs.

Pourquoi ne perçoit-on plus le goût des aliments quand on a le nez bouché ?

Parce que le goût n'est qu'à 10 % situé sur le bout de la langue, et à environ 90 % situé au bout de notre nez. En mastiquant les aliments, on libère dans l'air des molécules odorantes. Ces odeurs s'envolent jusqu'aux récepteurs du nez, qui les capturent, sauf si le nez est bouché, bien sûr ! En un mot, le goût, c'est une histoire de nez ! Sans compter que la mémoire associe la vue au goût. En effet, quand on voit un gros gâteau au chocolat, on salive avant même de le goûter.

INCROYABLE !

- La rétine retient les images pendant un tiers de seconde ! Elle n'est pas capable de toutes les enregistrer. C'est le cerveau qui en fait la synthèse et nous donne une sensation de mouvement continu.

pourquoi a-t-on la chair de poule ?

Parce que certains poils ont de petits muscles. Quand il fait froid, ces petits muscles s'activent pour essayer de réchauffer le corps et font se redresser les poils.

pourquoi le froid et le chaud font-ils souffrir ?

Trop chaud ou trop froid : la sensation de douleur est indispensable, car elle met l'organisme en état d'alerte contre les méfaits des agressions thermiques. Ces récepteurs de notre peau ne sont pas répartis de la même manière sur le corps : le dessous des doigts est particulièrement sensible aux sensations tactiles. Cela aide les aveugles à lire le braille, c'est-à-dire une écriture en relief. Les mamans testent le lait du biberon en en versant une goutte au revers de leur poignet.

pourquoi la langue distingue-t-elle le sucré du salé ?

Parce qu'elle est recouverte de papilles, c'est-à-dire de minuscules cellules nerveuses qui détectent les différentes saveurs. Les papilles situées au bout de la langue reconnaissent le sucré, celles qui sont au fond de la langue reconnaissent l'amertume. L'acidité est perçue par celles qui sont sur les bords. Quant au salé, il est détecté à la fois sur les bords et au bout de la langue.

pourquoi les oreilles se bouchent-elles quand on change d'altitude ?

Parce que, quand on change d'altitude, on change de pression. Or le tympan est une très fine membrane tendue comme la peau d'un tambour au fond du conduit auditif. Si la pression n'est pas la même d'un côté et de l'autre du tympan, la membrane se déforme. On a l'impression que les oreilles se bouchent.

comment fait-on pour se déboucher les oreilles ?

On avale sa salive ou l'on bâille. Cela permet de rééquilibrer la pression des deux côtés du tympan.

C'est en touchant que l'enfant apprend à reconnaître les différentes matières dont est fait son jouet.

Pourquoi a-t-on la tête qui tourne quand on fait la toupie ?

Parce que, en remuant sans cesse, le liquide qui remplit le fond de nos oreilles gêne la bonne transmission des informations jusqu'au cerveau, qui ne peut pas régler l'équilibre.

Pourquoi a-t-on le mal de l'air ou de mer ?

Parce que, en avion ou en mer, surtout si elle est agitée, le cerveau perd le Nord. D'habitude, il contrôle automatiquement l'équilibre grâce aux informations transmises par l'œil, la peau, les pieds et surtout les oreilles. Mais quand les récepteurs situés dans l'oreille interne ne perçoivent plus ni la pesanteur, ni l'horizontale, ni la verticale, ils envoient des informations fausses au cerveau. Celui-ci, déboussolé, traduit son malaise par une sensation de vertige : on a mal au cœur.

INCROYABLE !

- Notre oreille enregistre et amplifie les vibrations de l'air. Elle est capable de percevoir jusqu'à 20 000 vibrations par seconde. Au-delà, ce sont des ultrasons, que les animaux entendent, mais pas les hommes.

Boire et se nourrir

- *Se nourrir, c'est donner à son corps l'énergie nécessaire pour grandir et pour vivre. Les aliments sont composés d'éléments nutritifs, les nutriments, qui ont chacun une mission à remplir.*

- *Les sucres (glucides) apportent le tonus. Les graisses (lipides) sont une source d'énergie. Les protéines (protides) construisent les muscles et les maintiennent en bonne santé. Les vitamines et les sels minéraux (calcium, fer, magnésium) jouent un rôle primordial dans la croissance.*

- *L'eau transporte les éléments vitaux à travers l'organisme et contribue à l'élimination des déchets, à l'hydratation des cellules et à la régulation de la température du corps.*

Pourquoi doit-on prendre un bon petit déjeuner ?

Pour faire le plein d'énergie avant de commencer la journée. Le petit déjeuner suit une longue période durant laquelle nous n'avons pas mangé. C'est donc un vrai repas. L'idéal est d'y manger un quart de ce que l'on mange dans la journée. Un petit déjeuner doit comprendre des laitages pour leur apport en protéines et en calcium, des céréales riches en glucides comme celles contenues dans le pain, et un fruit pour faire le plein de fibres et de vitamines.

Pourquoi ne peut-on pas manger tous les jours au fast-food ?

Parce qu'il faut manger équilibré et varier les menus. Quant aux gâteaux et aux barres chocolatées, on peut en manger de temps en temps, mais pas trop souvent, car ils sont riches en graisse et en sucre. Et il faut préférer l'eau aux boissons sucrées, telles que les jus de fruits, car elles sont très riches en glucides et ne coupent ni la soif ni la faim.

Pourquoi la soupe fait-elle grandir ?

C'est ce que l'on dit aux enfants pour qu'ils terminent leur assiette. En réalité, elle ne fait pas vraiment grandir, mais, comme elle est généralement à base de légumes, elle est riche en vitamines et en fibres. On peut y ajouter du pain ou de petites pâtes. Ainsi, elle cale aisément les creux, facilite la digestion et évite la constipation.

Un repas équilibré comporte un morceau de viande ou de poisson accompagné de légumes, d'un laitage et d'un fruit. Il apporte au corps tous les éléments nutritifs dont il a besoin.

Comment sait-on que l'on est trop gros ?

Surtout pas en se comparant aux mannequins des magazines et des défilés de mode ! Le bon poids est celui qui nous permet de vivre le plus longtemps en bonne santé. Pour le calculer, il faut diviser son poids par sa taille au carré. On obtient l'indice de masse corporelle. Il doit être compris entre 18,5 et 25. Au-dessous, on est trop maigre ; au-dessus, on est trop gros.

Pourquoi doit-on boire beaucoup d'eau ?

Même si ce n'est pas un élément nutritif, l'eau est indispensable à la vie. Si l'on cesse de boire pendant cinq jours, on meurt, car le corps doit être hydraté en permanence. Chaque jour, notre corps a besoin de trois litres d'eau. Environ la moitié se trouve dans les aliments que nous mangeons ; le reste, nous devons le boire.

INCROYABLE !

- Un litre de soda contient l'équivalent de 15 à 25 morceaux de sucre ; une canette en contient 6 à 8.

Pourquoi n'a-t-on pas les mêmes besoins alimentaires à tous les âges ?

Parce que le corps évolue avec l'âge. Un enfant a besoin de beaucoup de protéines pour assurer la formation de ses muscles. De même, le calcium et le phosphore sont indispensables à la construction de son squelette. En outre, l'enfant se dépense beaucoup en jouant et en faisant du sport. Une personne âgée, elle, a moins de muscles et fait moins d'exercice. Son corps doit être nourri en conséquence.

Pourquoi est-ce grave de ne pas manger ?

Parce que, sans carburant, le corps s'affaiblit jusqu'à dépérir. Certaines personnes n'ont rien pour se nourrir, mais d'autres sont dégoûtées par la nourriture. Elles ne mangent presque rien et sont terriblement maigres. Cette maladie s'appelle l'anorexie, mentale. Elle touche surtout les filles pendant l'adolescence. Il faut la prendre très au sérieux.

Pourquoi ne faut-il pas trop manger ?

Parce que, lorsqu'on est trop gros, on ne se sent pas bien. On a du mal à respirer, on est vite essoufflé, on a les articulations qui s'usent plus vite, surtout aux hanches et aux genoux. Des plaques de graisse peuvent s'accumuler à l'intérieur des artères et les boucher petit à petit. C'est très dangereux pour le cœur. Il y a des personnes obèses, c'est-à-dire très, très grosses. L'obésité est souvent une maladie héréditaire. Il y a aussi des personnes qui ne peuvent pas s'arrêter de manger. Elles sont boulimiques.

Comment peut-on être malade à cause de la nourriture ?

En mangeant trop, trop vite, ou encore en avalant des aliments qui ne sont pas sains. Les aliments ne se conservent pas éternellement, il faut faire attention aux dates de conservation qui sont inscrites sur les boîtes de conserve, les pots de yaourt, les packs de lait.

Sauf en cas de maladie, on est gros quand on mange trop et maigre quand on ne se nourrit pas assez.

Il faut conserver les aliments au frais. Et si on les congèle, il ne faut surtout pas les recongeler après les avoir dégelés.

Pourquoi a-t-on plus faim en hiver ?

Parce que le corps a besoin de plus de carburant. Normal, puisqu'il dépense plus d'énergie pour combattre le froid.

Pourquoi les fraises donnent-elles des boutons ?

Parce que, comme les crustacés, le poisson ou la moutarde, la fraise ne fait pas bon ménage avec certaines personnes, qui y sont allergiques. La première fois que la personne avale la fraise, tout se passe bien en apparence, sauf qu'à l'intérieur le corps s'arme pour réagir contre l'envahisseur. À la deuxième invasion, le corps réagit en libérant des produits irritants : la peau gratte, se couvre de plaques ou se met à gonfler.

DEVINETTE

- Un pain au chocolat de 100 g apporte 0,64 g de protéines pour 409 kilocalories. 100 g de pain et 4 carrés de chocolat apportent 0,9 g de protéines pour 356 kilocalories. Qu'est-ce qui est meilleur pour la santé ?

L'hygiène

- *Se laver, ce n'est pas simplement sentir bon. Se doucher quotidiennement, se brosser les dents deux fois par jour, se laver les cheveux, se laver les mains avant de manger et après être allé aux toilettes, c'est préserver son corps des maladies.*

- *Car la saleté, ce n'est pas seulement une vilaine tache, une trace de boue ou une odeur désagréable ; c'est un nid à microbes, à parasites, à moisissures. La plupart de ces êtres microscopiques ne sont pas très dangereux, mais parfois ils peuvent tout de même nuire à la santé.*

- *Les produits de toilette ne manquent pas. Ils sont constitués d'agents nettoyants efficaces pour dissoudre la saleté tout en étant inoffensifs pour notre corps.*

Pourquoi se laver les cheveux régulièrement ?

Parce qu'ils sont là pour nous protéger le crâne. Sans cheveux, gare aux coups de chaud ou de froid !

Pour bien en prendre soin, il faut les laver une ou deux fois par semaine. Comme les cheveux sécrètent une substance grasse, les poussières s'y collent. Si on ne fait pas de shampooings régulièrement, les cheveux finissent par étouffer.

Pourquoi faut-il se brosser les dents ?

Parce que la bouche est un nid de microbes. Quand ils sont trop nombreux, ils deviennent dangereux. Ils se nourrissent des débris d'aliments logés entre les

dents et ont une prédilection pour le sucre, qu'ils transforment en acide. Cet acide attaque l'émail des dents. Quand le trou atteint le nerf de la dent, on supporte mal le chaud ou le froid. Certaines personnes ont plus de caries que d'autres, mais des visites régulières chez le dentiste, un bon brossage des dents matin et soir et un peu moins de bonbons permettent de limiter les caries.

Comment un dessin à l'encre fait sur la peau finit-il par s'effacer ?

On a beau frotter très fort, une trace de stylo inscrite sur la peau ne s'efface pas toujours. Si elle disparaît toute seule au bout de quelques jours, c'est parce que notre peau se régénère

La toilette quotidienne permet de supprimer les microbes et bactéries, qui entraînent des maladies.

en permanence. Ainsi, de fines pellicules de peau morte se détachent régulièrement, emportant avec elles la trace du stylo.

Pourquoi doit-on se laver avec du savon ?

Parce que l'eau ne suffit pas à venir à bout de la saleté, surtout quand elle est grasse. Et justement notre corps produit des substances huileuses que l'eau ne peut éliminer sans l'aide du savon.

Pour les personnes qui ont la peau très sensible, il existe des savons spéciaux ou des laits de toilette à base d'huile.

Pourquoi a-t-on de la cire dans les oreilles ?

Le cérumen, cette substance jaune qui ressemble à de la cire, est là pour protéger le tympan des saletés. Il n'est pas conseillé d'utiliser un Coton-Tige pour se nettoyer les oreilles. On risque de former des bouchons de cire, mais surtout de percer le tympan. Alors, mieux vaut utiliser son petit doigt.

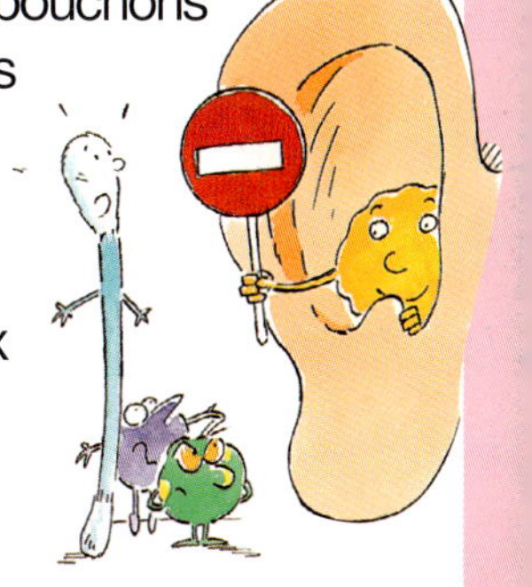

DEVINETTE

- Quel est le plus gros organe du corps ?

C'est la peau, avec un peu plus de 2 kg répartis sur 1,80 m² pour un individu de 70 kg et 1,70 m. Cela fait une jolie petite couverture pour l'hiver.

La médecine

Comme une machine, parfois le corps se dérègle ou tombe en panne. Il envoie des signaux, les symptômes, pour avertir qu'il ne peut plus lutter contre la maladie. Ce sont des douleurs physiques, de la fièvre, ou aussi une grande tristesse.

Pour établir un diagnostic, c'est-à-dire découvrir de quelle maladie souffre son patient, le médecin lui demande où il a mal. Il examine son corps. Puis il ausculte l'intérieur de celui-ci en écoutant les bruits qu'il fait ou en mesurant la pression du sang. Le diagnostic établi, le médecin élabore un traitement qui est souvent à base de médicaments. Si ceux-ci ne suffisent pas à guérir, on peut opérer.

Pourquoi fait-on des prises de sang ?

En prélevant du sang, on peut collecter des informations sur les éléments qu'il contient, comme les globules rouges ou blancs, et diagnostiquer certaines maladies.

Pourquoi a-t-on de la fièvre ?

Parce que le corps se bat contre la maladie. Comme il dépense beaucoup d'énergie pour lutter contre l'infection, sa température augmente. L'organisme est généralement maintenu à 37 °C, mais il ne faut pas trop s'affoler quand le thermomètre monte jusqu'à 38 °C. Par contre, une fièvre très élevée est dangereuse. Elle peut s'élever jusqu'à 42 °C. Il ne faut pas hésiter à appeler un médecin ou à aller aux urgences si elle s'accompagne de vomissements ou de convulsions.

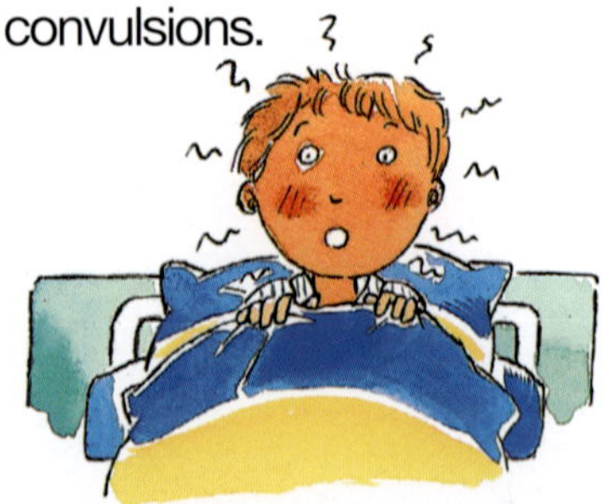

Comment les médicaments soignent-ils ?

Les antibiotiques agissent directement contre le microbe, mais d'autres médicaments ne soignent pas : certains contrôlent l'infection (comme l'insuline pour le diabète), d'autres calment les symptômes de la maladie, comme la douleur ou la fièvre.

Pourquoi le médecin ne prescrit-il pas toujours des antibiotiques ?

Parce que les médicaments appelés antibiotiques savent éliminer certaines infections,

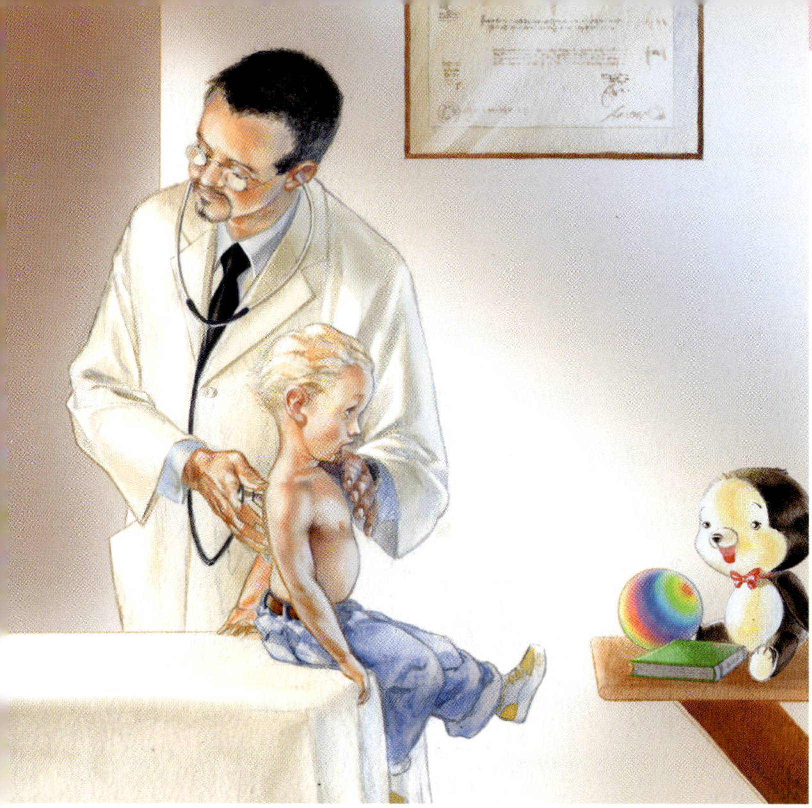

mais pas toutes : les virus sont indifférents aux antibiotiques, ce qui les rend plus difficiles à combattre. De plus, à force d'être exposés aux antibiotiques, certains microbes malins ont appris à leur résister. Il ne faut donc pas prescrire d'antibiotiques pour les infections sans gravité ou celles qui ne sont pas provoquées par des bactéries, de manière que les microbes ne s'y habituent pas.

Pourquoi doit-on parfois opérer ?

Quand les médicaments ne suffisent pas à guérir ou pour enlever un organe malade ou le remplacer s'il ne fonctionne pas correctement. On peut aussi opérer pour consolider un os cassé ou pour extraire un bébé du ventre de sa maman.

Le médecin ausculte son patient. En écoutant et en palpant son corps, il peut se rendre compte si tout va bien.

Pourquoi est-on endormi avant une opération ?

Pour que l'on n'ait pas mal. L'anesthésiste utilise un produit qui ralentit les fonctions du corps, l'anesthésiant. On peut endormir le corps tout entier ou seulement une partie. Ainsi, lors d'une césarienne, c'est-à-dire quand on ouvre le ventre d'une femme enceinte pour sortir son bébé, la maman peut ainsi rester consciente.

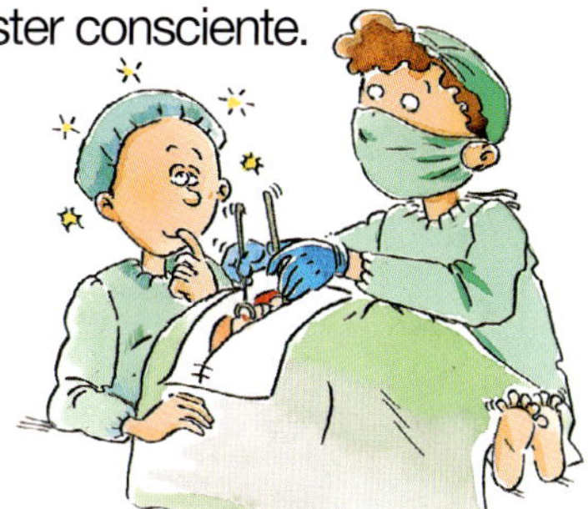

INCROYABLE !

- On envisage de fabriquer des robots qui voyageraient dans le corps, armés de médicaments ou d'instruments chirurgicaux miniatures.

Comment peut-on lutter contre le cancer ?

On peut détruire les cellules déréglées (elles se multiplient sans cesse) en leur lançant une certaine dose de rayons qui va les anéantir : c'est la radiothérapie. On peut aussi enlever tout ou partie de l'organe atteint ou traiter l'affection avec des médicaments fabriqués en laboratoire : c'est la chimiothérapie. Souvent, radiothérapie, chimiothérapie et chirurgie sont associées.

Comment vient-on à bout des allergies ?

Il faut d'abord savoir à quoi on est allergique : à un aliment, à de la poussière, du pollen de fleurs, des poils d'animaux... On fait des tests en mettant le corps en contact avec ces différents éléments jusqu'à ce que l'on observe des troubles. Le responsable trouvé, on peut penser à un traitement. Le plus efficace consiste à éliminer l'accusé : ne plus manger de fraises, ne pas caresser les chats... On peut aussi essayer de mieux supporter le produit qui rend malade. Pour cela, on injecte dans le corps de toutes petites quantités de la substance indésirable, puis on augmente doucement ces quantités. Le malade peut ainsi finir par supporter le gêneur.

Comment soigne-t-on en écoutant ?

Parfois, ce n'est pas le corps qui est malade (ou pas seulement), mais l'esprit. On est angoissé, fatigué, triste, on ne dort pas bien, on n'arrive plus à se concentrer. Le psychologue, qui a étudié les comportements des gens, sait écouter sans juger. Si la personne souffrante a confiance en lui, le psychologue peut l'aider à comprendre ses manques et ses besoins. La relaxation, utilisée en sophrologie, peut aussi aider à mieux vivre avec soi-même et avec son corps. Avec la psychologie et la sophrologie (parfois les deux en même temps), le patient agit lui-même sur son corps et son esprit.

Pourquoi désinfecte-t-on les bobos ?

Pour que les microbes ne se développent pas. Dans le cas d'une opération, les chirurgiens portent des masques, des gants, des blouses, des chaussons et des bonnets pour éviter de transmettre des microbes. Ils se lavent soigneusement les mains et stérilisent leurs instruments.

Comment ça marche, l'homéopathie ?

Il s'agit de donner au malade une substance sous forme de toutes petites billes ou de

directement sur l'endroit à soigner et à très faibles doses un médicament traditionnel. Ce médicament, qui agit sur une zone précise, n'envahit pas inutilement tout le corps.

Comment fait-on pour calmer une piqûre de guêpe ?

On applique dessus une pommade spéciale qui calme la douleur. On peut aussi appliquer du vinaigre ou poser un glaçon sur la piqûre.

L'acupuncture est une médecine d'origine chinoise. Avec des aiguilles, le praticien stimule des points précis du corps pour rétablir son équilibre vital et le guérir.

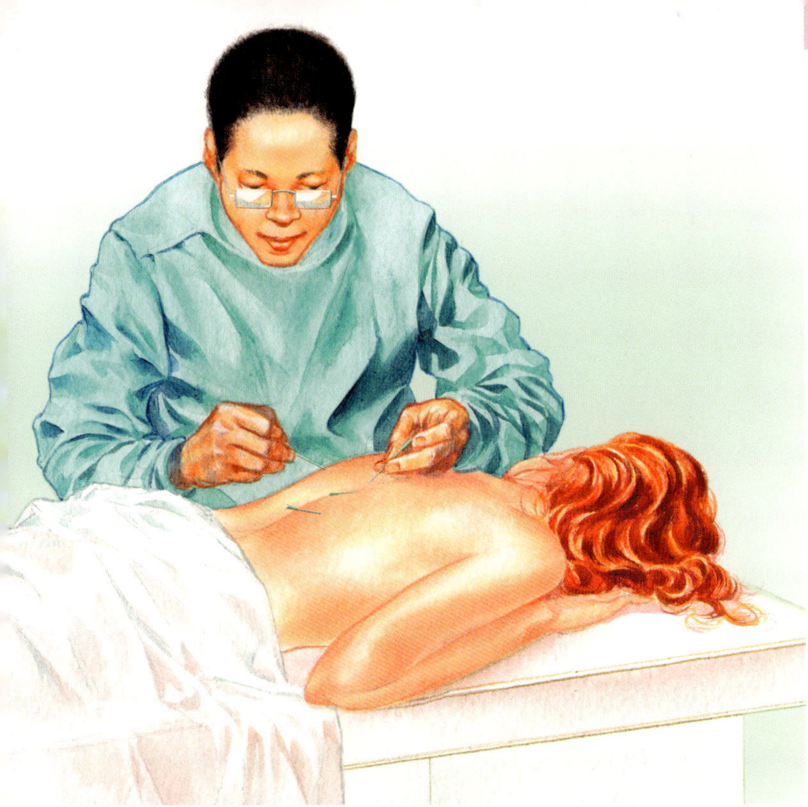

gouttes, à toutes petites doses. Le but est de stimuler le corps à se guérir tout seul, contrairement à la médecine traditionnelle, qui s'attaque de front à la maladie en la combattant avec des substances ennemies.

Pourquoi soigne-t-on avec des aiguilles ?

La médecine traditionnelle chinoise pratique l'acupuncture afin de rétablir une circulation harmonieuse de l'énergie vitale. Une autre forme de médecine, la mésothérapie, utilise des aiguilles pour injecter

INCROYABLE !

- Plus besoin d'apporter selles ou urine au laboratoire pour les faire analyser. Il existe au Japon des toilettes qui détectent sucres et graisses. Il n'y a plus qu'à envoyer les résultats au médecin !